物流分析、规划与仿真案例教程

付强 等编著

机械工业出版社
CHINA MACHINE PRESS

本书汇集了当前物流及物流管理方面的新知识和技能，在介绍物流与设施规划理论和方法的同时，详细阐述了物流分析、物流与电子商务、设施规划以及物流系统分析的仿真方法等物流系统规划相关的内容。各章节在讲述原理与方法的同时，结合案例应用与分析，将理论与实践相融合，力求内容实用、通俗易懂。

本书可以作为大中专院校物流类专业"设施规划与物流分析"或"物流系统规划"等课程的教材，也可以作为相关专业工程技术人员的技术参考书。

图书在版编目（CIP）数据

物流分析、规划与仿真案例教程／付强等编著. —北京：机械工业出版社，2020.7
ISBN 978-7-111-66140-5

Ⅰ. ①物… Ⅱ. ①付… Ⅲ. ①物流管理-教材 Ⅳ. ①F252.1

中国版本图书馆 CIP 数据核字（2020）第 130569 号

机械工业出版社（北京市百万庄大街 22 号　邮政编码 100037）
策划编辑：丁　伦　　责任编辑：丁　伦
责任校对：张艳霞　　责任印制：常天培
北京捷迅佳彩印刷有限公司印刷

2020 年 10 月第 1 版·第 1 次
185mm×260mm·11.25 印张·276 千字
0001—1500 册
标准书号：ISBN 978-7-111-66140-5
定价：45.00 元

电话服务　　　　　　　　网络服务
客服电话：010-88361066　　机　工　官　网：www.cmpbook.com
　　　　　010-88379833　　机　工　官　博：weibo.com/cmp1952
　　　　　010-68326294　　金　书　网：www.golden-book.com
封底无防伪标均为盗版　　机工教育服务网：www.cmpedu.com

前　言

随着现代社会的发展，尤其是电子商务的蓬勃发展，物流活动变得越来越频繁。作为商务活动中的重要环节，物流担负着原材料提供商与产品生产商之间，以及商家与顾客之间的实物配送服务，高效的物流体系是现代商务活动运作的重要保障。物流学是现代工程技术学科与现代经济学科的完美结合，融合了资源配置学、仓储学、流通学、环境学、交通运输学、搬运学、营销学、系统学等多学科，因此，物流学是一个综合学科群。设施规划与布置是物流学研究的重要内容之一，物流设施的合理规划和设计是保障物流系统良好运作的基础。物流设施规划研究的是规划和设计在创建高效物流设施中的作用，例如物流中心的规划与设计、仓库的布局和设计、配送设施的布局设计等。物流设施规划强调集成设计的重要性，研究制订物流计划的方法和步骤。

随着计算机技术的发展，物流设施规划的理念、方法不断改进升级，大规模算法、仿真方法等被应用到了物流设施规划设计中。物流系统正变得更加敏捷、高效和智能。

本书基于物流业发展的现状，以设施规划为核心，讲解物流分析、设施规划的概念与方法，并扩展至电子商务网站规划、设施规划的仿真方法等。辅以多个具体的案例分析，力求将设施规划的理论应用于实践，使读者能够更全面地了解和掌握设施规划的内容。

全书共 8 章，第 1 章为内容概述；第 2、3 章阐述了物流系统的概念和内涵、物流系统分析的基本方法、设施选址的方法等内容；第 4 章介绍了电子商务网站规划的内容；第 5 章阐述了设施规划的理论、设施布置设计（SLP）方法的具体程序步骤，并辅以案例分析讲解物流分析和设施规划的具体过程；第 6 章介绍了物料搬运系统分析的理论和流程、搬运系统分析和设计的具体过程，并结合具体案例讲解了搬运系统分析和优化的程序和方法；第 7 章介绍了仓库设施规划的内容；第 8 章阐述了仿真方法在物流系统分析中的应用，重点讲解了 Flexsim 物流仿真软件的仿真建模方法，以及系统动力学仿真软件 Vensim 的使用和建模仿真过程，并通过典型的仿真案例讲解了 Flexsim 仿真建模与数据分析的具体过程。

本书第 1、8 章由付强编写，第 2、3 章由宁波市镇海区职业教育中心学校财经商贸组陆春江老师编写，第 5、6 章由海南省商业学校商贸教学部黄荣慧老师编写，第 4、7 章由福建省晋江职业中专学校物流教研组何乃兵老师编写。此外，张晶也参与了部分内容编写和案例搜集、整理。在此，向所有参与编写的作者表示感谢。

由于水平有限，书中不足之处在所难免，欢迎广大读者朋友批评、指正。

编　者

目 录

前言
第1章 绪论 ·· 1
  1.1 概述 ·· 1
  1.2 现代物流及其发展 ·· 2
    1.2.1 物流与物流管理 ·· 2
    1.2.2 物流与供应链管理 ·· 4
  1.3 系统 ·· 5
    1.3.1 系统的概念 ··· 5
    1.3.2 系统的特征 ··· 6
  1.4 物流系统 ··· 6
    1.4.1 物流系统的概念与构成 ··· 6
    1.4.2 物流系统的分类 ·· 6
  1.5 案例——BVB 公司农业物流流程优化系统 ·· 8
    1.5.1 案例背景 ·· 8
    1.5.2 案例内容 ·· 9
    1.5.3 案例总结 ·· 9
  本章小结 ··· 10
  本章习题 ··· 10
第2章 物流与物流系统分析 ·· 11
  2.1 现代物流的概念与内涵 ·· 11
    2.1.1 现代物流的概念 ·· 11
    2.1.2 现代物流的内涵 ·· 12
    2.1.3 传统物流与现代物流的区别 ·· 12
    2.1.4 现代物流的发展 ·· 13
  2.2 物流系统与物流系统分析 ··· 18
    2.2.1 物流系统的内涵 ·· 18
    2.2.2 物流系统的模式 ·· 19
    2.2.3 物流系统的特点 ·· 20
    2.2.4 物流系统的目标 ·· 21
    2.2.5 物流系统的要素 ·· 22
    2.2.6 物流系统分析的内容 ·· 23
    2.2.7 物流系统分析的步骤 ·· 24
  2.3 设施规划与分析过程 ··· 25
    2.3.1 设施规划与物流分析的定义 ·· 25

  2.3.2 设施规划与物流分析的原则 ·· 26
  2.3.3 设施规划与物流分析的一般程序 ··· 26
  2.3.4 设施规划与物流分析的工作内容 ··· 26
  2.3.5 设施规划与物流分析的意义 ·· 27
 2.4 案例——蒙牛打造快速物流系统 ··· 27
  2.4.1 案例背景 ·· 27
  2.4.2 案例内容 ·· 28
  2.4.3 案例总结 ·· 29
 本章小结 ··· 29
 本章习题 ··· 29

第3章 设施选址及评价 ·· 31
 3.1 设施选址的目标与原则 ··· 31
  3.1.1 设施选址的目标 ·· 31
  3.1.2 设施选址的原则 ·· 32
 3.2 设施选址的影响因素 ·· 33
  3.2.1 经济因素 ·· 33
  3.2.2 非经济因素 ··· 35
 3.3 设施选址的流程 ··· 38
  3.3.1 准备阶段 ·· 39
  3.3.2 地区选择阶段 ·· 39
  3.3.3 具体地点选择阶段 ··· 39
 3.4 设施选址的评价方法 ·· 40
  3.4.1 定量分析方法 ·· 40
  3.4.2 定性分析方法 ·· 45
 3.5 案例——尤斯摩尔洗涤用品公司仓库选址 ··· 50
  3.5.1 案例背景 ·· 50
  3.5.2 案例内容 ·· 51
  3.5.3 案例总结 ·· 59
 本章小结 ··· 61
 本章习题 ··· 62

第4章 电子商务网站规划 ··· 64
 4.1 网站规划的概念与原则 ··· 64
  4.1.1 网站规划的概念 ·· 64
  4.1.2 电子商务网站规划的原则 ··· 64
 4.2 电子商务网站规划的内容 ··· 66
  4.2.1 网站商务功能规划 ··· 66
  4.2.2 电子商务网站资源规划 ·· 68
 4.3 电子商务网站规划的基本步骤 ··· 70
  4.3.1 建设网站前的需求分析 ·· 70

  4.3.2 建设网站目的及功能定位 72
  4.3.3 网站技术解决方案 73
  4.3.4 网站内容及实现方式 75
  4.3.5 网页设计 76
  4.3.6 费用预算 76
  4.3.7 网站维护 77
  4.3.8 网站测试 77
 4.4 **案例——图书商城网站规划设计** 77
  4.4.1 案例背景 77
  4.4.2 案例内容 77
  4.4.3 案例总结 79
本章小结 79
本章习题 79

第5章 设施布置设计 80
 5.1 设施布置设计概述 81
  5.1.1 设施布置的内容 81
  5.1.2 设施布置的原则 82
 5.2 设施布置设计的方法与类型 82
  5.2.1 设施布置设计的方法 82
  5.2.2 设施基本布置类型 83
 5.3 系统化布置设计（SLP） 85
  5.3.1 系统化布置设计原始资料分析 86
  5.3.2 系统化布置设计程序模式 86
  5.3.3 物流分析 87
  5.3.4 应用"从-至"表进行物流分析 89
  5.3.5 作业单位相互关系分析（非物流分析） 93
  5.3.6 物流与作业单位相互关系图解 95
  5.3.7 面积相关图 95
  5.3.8 调整和修改 95
  5.3.9 评价选择 96
 5.4 **案例——某仓库设施布局与优化** 97
  5.4.1 案例背景 97
  5.4.2 案例内容 97
  5.4.3 案例总结 106
本章小结 106
本章习题 106

第6章 物料搬运系统设计 107
 6.1 物料搬运系统概述 107
  6.1.1 物料搬运 107

6.1.2 物料搬运系统设计要素 ... 109
6.1.3 以"5W1H"为变量的物料搬运方程式 ... 110
6.2 搬运系统分析方法（SHA） ... 111
6.2.1 搬运系统分析阶段构成 ... 111
6.2.2 搬运系统设计要素 ... 112
6.2.3 搬运系统分析方法的程序分析 ... 112
6.2.4 搬运系统分析方法的图例符号 ... 115
6.3 搬运系统分析与设计的过程 ... 116
6.3.1 物料的分类 ... 116
6.3.2 布置分析 ... 117
6.3.3 移动分析 ... 117
6.3.4 搬运方案分析 ... 119
6.3.5 搬运方案的修改和限制 ... 119
6.3.6 说明和各项需求的计算 ... 119
6.3.7 方案评价 ... 119
6.3.8 搬运方案的详细设计 ... 120
6.4 案例——机械工厂新建装配车间的物料搬运系统设计 ... 120
6.4.1 案例背景 ... 120
6.4.2 案例内容 ... 120
6.4.3 案例总结 ... 124
本章小结 ... 124
本章习题 ... 124

第7章 仓储设施规划 ... 125
7.1 现代仓储的任务、功能及目标 ... 125
7.1.1 现代仓储的任务 ... 125
7.1.2 现代仓储的功能 ... 125
7.1.3 现代仓储的目标 ... 126
7.2 库存管理的方法 ... 127
7.2.1 传统库存管理方法 ... 128
7.2.2 现代库存管理方法 ... 128
7.3 仓库设施规划过程 ... 129
7.3.1 仓库设施规划内容 ... 130
7.3.2 仓库面积确定 ... 130
7.3.3 划分仓库区域 ... 131
7.3.4 仓储设备选择 ... 132
7.4 案例——VMI在联想集团的应用 ... 134
7.4.1 案例背景 ... 134
7.4.2 案例内容 ... 134
7.4.3 案例总结 ... 135

本章小结 ··· 135
本章习题 ··· 135

第8章 物流系统分析的仿真方法 ··· 136
8.1 系统仿真概述 ··· 136
8.1.1 仿真的概念 ·· 136
8.1.2 仿真模型 ·· 137
8.1.3 计算机仿真的步骤 ··· 138
8.2 离散事件系统仿真 ··· 138
8.2.1 系统定义 ·· 139
8.2.2 系统要素 ·· 139
8.3 基于Flexsim的仿真方法 ·· 139
8.3.1 Flexsim仿真建模过程 ··· 140
8.3.2 Flexsim仿真建模实例 ··· 140
8.3.3 运行仿真 ·· 147
8.3.4 仿真结果分析 ··· 149
8.4 基于Vensim的仿真方法 ··· 150
8.4.1 Vensim建模的步骤 ··· 150
8.4.2 模型的建立与仿真 ··· 151
8.4.3 模型的结构分析 ··· 154
8.4.4 模型的模拟及数据集分析 ··· 156
8.5 案例——牛鞭效应Vensim仿真 ·· 156
8.5.1 案例背景 ·· 156
8.5.2 案例内容 ·· 156
8.5.3 案例总结 ·· 159
8.6 案例——XN物流中心零拣作业仿真分析 ························· 159
8.6.1 案例背景 ·· 159
8.6.2 案例内容 ·· 160
8.6.3 案例总结 ·· 170
本章小结 ··· 170
本章习题 ··· 170

参考文献 ··· 171

第1章 绪 论

学习目标
- 了解设施布局设计的基本内容。
- 理解设施规划对企业生产经营的重要意义。
- 理解物流的相关概念。

设施布局和设计是企业整体运营的重要组成部分,无论是在最大限度地提高生产流程的有效性,还是在满足员工的需求方面,都发挥着重要作用。布局的基本目标是通过系统的规划和设计,确保工作、材料和信息的顺畅流动。设施的基本含义是企业活动发生的空间。该空间的布局和设计极大地影响工作的开展。良好的设施布局和设计的关键是将人员(人员和客户)、材料(原材料、成品和在制品)和设备的需求整合在一起,从而形成一个单一的、功能良好的系统。

1.1 概述

企业在建造或翻新设施时需要考虑许多运营因素,以最大限度地提高布局效率。这些标准包括以下几点。

1)未来扩建或更换设施的便利性。设施布局设计应易于扩建或调整,以满足不断变化的生产需求。Weiss(韦斯)和 Gershon(葛森)在他们的书《生产和运营管理》中提到"虽然重新设计一个工厂是一项重要的、昂贵的工作,但不可轻而易举地进行,有可能需要重新设计"。因此,任何设计都应该是灵活的。柔性制造系统通常是高度自动化的设备,具有各种产品的中间批量生产。其目标是尽量减少生产不同产品的转换或设置时间,同时能实现接近装配线(单一产品)的生产速度。

2)流动性设施设计应反映出对平稳工艺流程重要性的认识。理想情况下的设计是,原材料从工厂的一端进入,从另一端输出产成品。物料的流动不一定是直线的,平行流、U形图案,甚至是将成品返回装运区再发往收货区的"之"字形,都可以在工厂设施布局中采用。然而,无论选择什么模式,都要避免回流。当零件和材料在整个流程中回流时,人员流动和信息传递工作会变得混乱,零件会丢失,协调管理也会变得更加复杂。

3)物流企业应确保设施布局能使物料(产品、设备、容器等)以有序、高效、简单的方式搬运。

4)对于以产品生产为主的企业,设施布局应有助于满足企业生产需求。

5)对于仓储等以空间利用为主的企业,设施布局设计应考虑车道宽度、货架面积等实际需求,尽可能多地利用垂直空间等因素。

6)设施布局设计应考虑管理的便利性,确保各部门易于沟通和提供支持,以便在业务的各个领域内进行沟通,并以轻松有效的方式与供应商、客户进行互动。

7) 安全设施布局应使企业能够按照职业安全与健康管理标准和其他法律要求有效运营。

1.2 现代物流及其发展

早期的物流被称为 Physical Distribution，简称 PD，即货物的配送，第二次世界大战中，军事后勤学的发展促使了物流概念的产生。二战后，世界各地物流从业者开始用 Logistics 概念取代 Physical Distribution 的概念。随着工业化进程和现代化的分工协作，现代物流技术和管理方法得到了快速发展。

1.2.1 物流与物流管理

物流管理的发展经历了配送管理、物流管理和供应链管理3个层次。物流管理起源于第二次世界大战中军队输送物资装备所发展出来的储运模式和技术。在战后，这些技术被广泛应用于工业界，并极大地提高了企业的运作效率，为企业赢得了更多客户。当时的物流管理主要针对企业的配送，即在成品生产出来后，如何快速而高效地经过配送中心把产品送达客户，并尽可能维持最低的库存量。美国物流管理协会当时被称为实物配送管理协会，而加拿大供应链与物流管理协会当时则被称为加拿大实物配送管理协会。在这个初级阶段，物流管理只是在既定数量的成品生产出来后，被动地去迎合客户需求，将产品运到客户指定的地点，并在运输的领域内实现资源最优化使用，合理设置各配送中心的库存量。准确地说，在这个阶段并未真正出现物流管理，出现的只是运输管理、仓储管理和库存管理。物流经理的职位当时也不存在，存在的只是运输经理或仓库经理。

现代意义上的物流管理出现在20世纪80年代。人们发现利用跨职能的流程管理方式去观察、分析和解决企业经营中的问题非常有效。通过分析物料从原材料运到工厂，流经生产线上每个工作站，产出成品，再运送到配送中心，最后交付给客户的整个流通过程，企业可以消除很多看似高效率却实际上降低了整体效率的局部优化行为。因为每个职能部门都想尽可能地利用其产能，没有留下任何富余，一旦需求增加，则处处成为瓶颈，导致整个流程的中断。又比如运输部作为一个独立的职能部门，总是想方设法降低其运输成本，但若因此将一笔必须加快的订单交付海运而不是空运，虽然省下了运费，却失去了客户，导致整体的失利。所以传统的垂直职能管理已不适应现代大规模工业化生产，而横向的物流管理却可以综合管理每一个流程上的不同职能，以取得整体最优化的协同作用。

在这个阶段，物流管理的范围扩展到运输外的需求预测、采购、生产计划、存货管理、配送与客户服务等，以系统化管理企业的运作，达到整体效益的最大化。高德拉特所著的《目标》一书风靡全球制造业，其精髓就是从生产流程的角度来管理生产。相应地，美国实物配送管理协会在20世纪80年代中期改名为美国物流管理协会，而加拿大实物配送管理协会则在1992年改名为加拿大物流管理协会。

对于一个典型的制造企业，其需求预测、原材料采购和运输环节通常称为进向物流，原材料在工厂内部工序间的流通环节称为生产物流，而配送与客户服务环节称为出向物流。物流管理的关键则是系统管理从原材料、在制品到成品的整个流程，以保证在最低的存货条件下，物料畅通地买进、运入、加工、运出并交到客户手中。对于有着高效物流管理的企业的股东而言，这意味着以最少的资本做最大的生意，产生最大的投资回报。

1. 物流的概念

以下我们分别引用美国物流管理协会（CLM）和中华人民共和国国家标准《物流术语》中对物流的定义，以帮助读者理解物流的概念。

Logistics is that part of the supply chain process that plans, implements, and controls the efficient, effective forward and reverse flow and storage of goods, services, and related information between the point of origin and the point of consumption in order to meet customers requirements.

——美国物流管理协会（CLM）对物流的定义（1998）

物品从供应地向接收地的实体流动过程。根据实际需要，将运输、储存、装卸、搬运、包装、流通加工、配送、信息处理等基本功能实现有机结合。

——中华人民共和国国家标准《物流术语》（2001.4）

更广泛地说，物流是指将资源（人员、材料、库存和设备）从一个地点协调和移动到所需目的地的存储过程。

2. 物流管理的概念

物流管理是通过规划、控制和实施相关信息、货物和服务，从始发地到目的地的有效移动和存储来满足客户需求的一种管理活动。物流管理有助于公司降低成本，提高客户服务水平。物流管理过程从原材料的积累开始，到货物到达目的地的最后阶段。物流管理通过遵循客户需求和行业标准，促进流程战略、规划和实施。

物流管理活动通常包括入站和出站运输管理、车队管理、仓储、物料处理、订单履行、物流网络设计、库存控制、第三方物流服务提供商的供需计划和管理。

3. 物流管理功能

物流管理功能包括客户服务、采购、生产计划和调度、包装和装配。物流管理是所有计划和执行级别的一部分，包括具体的战略和战术。物流管理进一步协调所有物流活动，将物流活动与市场营销、销售、制造、财务和信息技术等其他功能结合起来。

4. 物流管理的重要性

有效的物流管理对公司来说很重要，良好的物流管理能确保产品以最经济、安全、高效和及时的方式运输。这为公司和客户节省了成本。相反，糟糕的物流管理会导致货物损坏或延误，从而导致客户满意度下降、退货和产品合格率下降。这些问题将导致更高的生产成本和更多的客户关系问题。为了避免这些问题，要建立有效的物流管理，包括仔细的规划、适当的软件系统选择、适当的审查和选择外包供应商，并配备足够的资源来处理这些过程。

5. 物流管理的内容

物流管理通常包括入站和出站物流业务流程。进货物流是将货物从供应商转移到仓库，然后转移到生产设施中生产产品的过程，包括原材料、工具、零部件、办公设备和用品。发货物流是将成品移出仓库库存并运送给客户的过程。例如：对于计算机制造商而言，进货物流可能涉及电子零件、计算机芯片、电缆、连接器、成型外壳和运输箱。发货物流涉及完成的计算机和相关的外围设备；对于家具制造商而言，进货物流可能涉及木材、胶水、织物、螺钉、钉子、油漆和安全玻璃，而发货物流则涉及成品家具。物流过程还包括逆向物流，即用于退货和退料的所有管理功能。逆向物流从客户或最终目的地提取货物，并将其返还给原始组织，进行重复使用、维修、再制造或回收。

物流管理涉及诸多要素，包括如下几个方面。

1）选择能够提供运输设施的适当供应商。
2）选择最有效的运输路线。
3）发现最有效的交付方法。
4）利用软件和IT资源处理相关流程。

在物流管理中，决策失败将导致很多问题。例如，交付失败或延迟会导致买方不满意；运输上的疏忽会造成的货物损坏；物流规划失误将导致物流运营成本增加。这些问题大多是由于与外包相关的决策不当造成的，例如选择错误的供应商或在没有足够资源的情况下执行交付任务。为了解决这些问题，组织应该实施最佳的物流管理实践。企业应该注重合作而不是竞争。运输供应商、买方和供应商之间的良好合作有助于降低费用。高效、安全的运输供应商对企业的成功至关重要。

1.2.2 物流与供应链管理

供应链管理（Supply Chain Management，SCM）是从产品的起源到消费过程中对产品的管理和监督。供应链管理涉及材料、财务和信息的流动，包括产品设计、规划、执行、监控和控制。这一过程的目标是减少库存，提高交易速度和改善工作流程，同时提高利润。

物流和供应链管理是经常互换使用的术语，但它们实际上涉及流程的两个方面。物流是指在一个公司内发生的事情。例如，原材料的采购和交付、包装、装运以及向分销商运输货物。而供应链管理是指一个更大的外部组织网络，它们共同向客户交付产品，包括供应商、运输供应商、呼叫中心、仓库供应商和其他。物流是供应链的一部分，供应链管理包括了货运代理、航运公司、包裹递送公司、报关行和第三方物流提供商（3PL）的管理。

供应链管理包含了诸多的组织角色，为更好地管理这种复杂性，必须从战略、战术和操作三个层面着手。

- 战略：确保有效的产品移动和沟通。
- 战术：确定运输、生产、调度和研究过程。
- 操作：决定生产物料的速度、供应消耗和产成品的流动。

小知识：什么是第三方物流

第三方物流（Third Party Logistics，3PL），也称为委外物流（Logistics Outsourcing）或是合约物流（Contract Logistics）。

第三方物流是指独立于供需双方，为客户提供专项或全面的物流系统设计或系统运营的物流服务模式。

——《中华人民共和国国家标准物流术语》（GB/T18354—2006）

1. 第三方物流的主要标志

1）有提供现代化的、系统物流服务的企业素质。
2）可以向货主提供包括供应链物流在内的全程物流服务和特定的、定制化服务的物流活动。

3）不是货主与物流服务提供商偶然的、一次性的物流服务活动，而是采取委托-承包形式的长期业务外包形式的物流活动。

4）不是向货主提供一般性物流服务，而是提供增值物流服务的现代化物流活动。

2. 第三方物流的特征

1）合同导向的一系列服务。

2）个性化的物流服务。

3）以现代信息技术为基础。

4）与其他企业之间是动态联盟关系。

1.3 系统

现代物流是由诸多子系统组成的复杂的综合系统，包含了非常多的功能要素，这些子系统相互配合，共同完成了现代物流系统的功能目标。

1.3.1 系统的概念

所谓系统是指"为达到某种共同目的，若干构成要素相互有机结合的复合体"。一般来说，物流系统具有输入、处理（转化）、输出、限制（制约）和反馈等功能，其具体内容因物流系统的性质不同而有所区别。

1. 输入

输入包括原材料、设备、劳力、能源等。通过提供资源、能源、设备、劳力等手段对某一系统发生作用，统称为外部环境对物流系统的输入。

2. 处理（转化）

处理（转化）是指物流本身的转化过程。从输入到输出之间所进行的生产、供应、销售、服务等活动中的物流业务活动称为物流系统的处理或转化。具体内容有：物流设施设备的建设；物流业务活动，如运输、储存、包装、装卸、搬运等；信息处理及管理工作。

3. 输出

物流系统的输出指物流系统以其本身所具有的各种手段和功能，对环境的输入进行各种处理后所提供的物流服务。具体内容有：产品位置与场所的转移；各种劳务，如合同的履行及其他服务等；能源与信息。

4. 限制或制约

外部环境对物流系统施加一定的约束称之为外部环境对物流系统的限制或制约。具体内容有：资源条件，能源限制，资金与生产能力的限制；价格影响，需求变化；仓库容量；装卸与运输的能力；政策的变化等。

5. 反馈

物流系统在把输入转化为输出的过程中，由于受系统各种因素的限制，不能按原计划实现，需要把输出结果返回给输入，并进行调整，即使按原计划实现，也要把信息返回，以对工作做出评价，这称为信息反馈。信息反馈的内容包括：各种物流活动分析报告；各种统计报告数据；典型调查；国内外市场信息与有关动态等。

1.3.2 系统的特征

系统特征是一般系统所共有的性质，包括组成性、层次性、边界性、相关性和目的性。
- 组成性：系统由两个或两个以上的要素组成。
- 层次性：系统和要素处于不同的层次。
- 边界性：系统和要素有明确的边界。
- 相关性：要素是相互联系的，要素和系统是相关的。
- 目的性：要素的结合是为了达到某个特定的目的。

1.4 物流系统

物流系统是社会大系统的重要子系统，物流系统除了具有一般系统的共同特征之外，还具有自身特有属性，物流系统有自己的运行规律，也有自己的发展阶段。

1.4.1 物流系统的概念与构成

物流系统是在一定的环境下，由相互作用和相互依赖的若干组成部分结合而成且具有特定功能的有机整体，它是由诸多物流要素、不同物流环节构成的。因此，可以运用系统学原理对物流系统进行规划、设计、组织实施，从而以最佳的结构、最好的配合，充分发挥系统功效，逐步实现物流过程的合理化。

运输、储存保管、包装、装卸搬运、流通加工、配送和物流信息等物流基本功能要素有机地组合、联结在一起，便构成了物流系统的总功能。

物流系统的基础要素主要有：物流设施、物流装备、物流工具、信息技术及网络、组织及管理等。

发展至今，物流系统是典型的现代机械、电子相结合的系统。现代物流系统是指以传统物流系统为基础，以现代科技技术和先进的科学理论为支撑的物流系统。任何一种物流设备都必须接受物流系统计算机的管理控制，接受计算机发出的指令，完成其规定的动作，反馈动作执行的情况或当前所处的状况。智能程度较高的物流设备具有一定的自主性，能更好地识别路径和环境，本身带有一定的数据处理功能。现代物流设备是在计算机科学和电子技术的基础上，结合传统的机械学科发展成的机电一体化的设备。

从物流系统的管理和控制来看，计算机网络和数据库技术的采用是整个系统得以正常运行的前提。仿真技术的应用使物流系统设计达到更高的水平。物流已经成为并行工程的基础和CIMS的组成部分。

1.4.2 物流系统的分类

我们可以按照不同的标准对物流系统进行分类。

1. 物流发生的位置

按物流发生的位置，物流系统可划分为企业内部物流系统和企业外部物流系统。

1) 企业内部物流系统。例如，制造企业所需原材料、能源、配套协作件的购进、储存、加工直至形成半成品、成品最终进入成品库的物料、产品流动的全过程，均为企业内部物流系统。

2）企业外部物流系统。例如，对于制造企业，物料、协作件从供应商所在地到本制造企业仓库为止的物流过程，从成品库到各级经销商，最后送达最终用户的物流过程，都属于企业的外部物流系统。

2. 物流运行的性质

根据物流运行的性质，物流系统可以划分为供应物流系统、生产物流系统、销售物流系统、回收物流系统和废弃物流系统。

1）供应物流系统。指原材料、燃料、辅助材料、机械设备、外协件、工具等从供应商处的订货、购买开始，通过运输等中间环节，直到收货人收货入库为止的物流过程。供应物流系统通过采购行为使物资从供货单位转移到用户单位，一般是生产企业进行生产所需要的物资供应活动。

2）生产物流系统。指从原材料投入生产起，经过下料、加工、装配、检验、包装等作业直至成品入库为止的物流过程。生产物流的运作过程基本上是在企业（工厂）内部完成。流动的物品主要包括原材料、在制品、半成品、产成品等，物品在企业（工厂）范围内的仓库、车间、车间内各工序之间流动，贯穿于企业的基本生产，辅助生产、附属生产等生产工艺流程的全过程，是保证生产正常进行的必要条件。生产物流的运作主体是生产经营者，部分生产物流业务可以延伸到流通领域，例如，第三方物流所提供的流通加工。

3）销售物流系统。指成品由成品库（或企业）向外部用户直接出售，或经过各级经销商直到最终消费者为止的物流过程。从事销售物流运作的经营主体可以是销售者、生产者，也可以是第三方物流经营者。

4）回收物流系统。指物品运输、配送、安装等过程中所使用的包装容器、装载器具、工具及其他可以再利用的废旧物资的回收过程中发生的物流。回收物流主要包括边角余料，金属屑，报废的设备、工具形成的废金属和失去价值的辅助材料等。

5）废弃物流系统。指对废弃杂物的收集、运输、分类、处理等过程中产生的物流。废弃杂物一般包括伴随产品生产过程产生的副产品、废弃物，以及生活消费过程中产生的废弃物等。废弃物流通常由专门的经营者经营，国外亦有第三方物流经营者参与废弃物流作业过程的实例。

3. 物流活动的范围

以物流活动的范围进行分类，物流系统可以划分为企业物流系统、区域物流系统和国际物流系统。

1）企业物流系统。指围绕某一企业或企业集团产生的物流活动，包括企业或企业集团内部物流活动，也涉及相关的外部物流活动，如原材料供应市场和产品销售市场。企业物流活动往往需要考虑供应物流、生产物流和销售物流之间的协调，及相应的一体化规划、运作和经营。

2）区域物流系统。指以某一经济区域或特定地域为主要活动范围的社会物流活动。区域物流一般表现为通过一定地域范围内的多个企业间的合作、协作，共同组织大范围专项或综合物流活动的过程，以实现区域物流的合理化。区域物流通常需要地方政府的规划、协调、服务和监督，在促进物流基础设施的科学规划、合理布局与建设发展等方面给予支持。

在规划某区域物流系统时，例如，省域、城市物流系统，公路运输站场规划与布局等，一般需要考虑区域物流设施与企业物流设施的兼容和运行方式。

全国物流系统可以看作是扩大的区域物流系统。在全国范围进行物流系统化运作时，需要考虑综合运输、运网体系、物流主干网、区域物流及运作等因素。

3）国际物流系统。指在国家（或地区）与国家（或地区）之间的国际贸易活动中发生的商品从一个国家（或地区）流转到另一个国家（或地区）的物流活动。国际物流涉及国际贸易、多式联运和通关方式等多种问题，需要国际合作、国内各方的积极配合参与，一般比国内物流复杂得多。

在拥有较大作用范围（诸如区域、全国、国际）的物流系统中，第三方物流经营者的功能及服务质量往往显得十分重要。

4. 物流构成的内容

我们还可以根据物流构成的内容，把物流系统划分为专项物流系统和综合物流系统。

1）专项物流系统。是以某一产品或物料为核心内容的物流活动系统。常见的有粮食、煤炭、木材、水泥、石油和天然气等物流过程。专项物流往往需要专用设施、专用设备与相应物流过程的配套运作才能完成。

2）综合物流系统。是包括社会多方经营主体及多种类产品、物料构成的复合物流系统。

从不同角度对物流系统进行分类划分，可以加深我们对物流性质、过程的理解和认识，有利于更好地进行物流系统的规划、设计、运营、组织与管理。

1.5 案例——BVB公司农业物流流程优化系统

物流系统正在向着信息化和智能化的方向不断前进，高效的物流系统必然有着高度信息化和智能化的决策机制以及自动化的信息处理能力。

1.5.1 案例背景

BVB公司是一家致力于创新技术开发的IT系统集成商。该公司在农业、物流和运输、电子商务、竞技场、零售和快速消费品、营销和广告六个关键领域开发和实施有效的IT解决方案。

BVB公司利用数据科学、人工智能、机器学习和深度学习等颠覆性技术和智能方法，创建先进的软件系统，并利用这些创新，帮助实现管理和业务流程的创新。

物流系统是一个复杂的项目，BVB公司农业物流流程优化系统（如图1-1所示）可以帮助农业公司实现自动化的业务流程，并充分使用所有可用的资源，尽可能地提高效率。

该项目的最初目标是开发一个牛奶罐流程管理系统，以优化收集牛奶的过程，期望通过系统的自动化管理，实现远程管理所有运输过程，优化农业公司工作流程，从而降低物流成本。

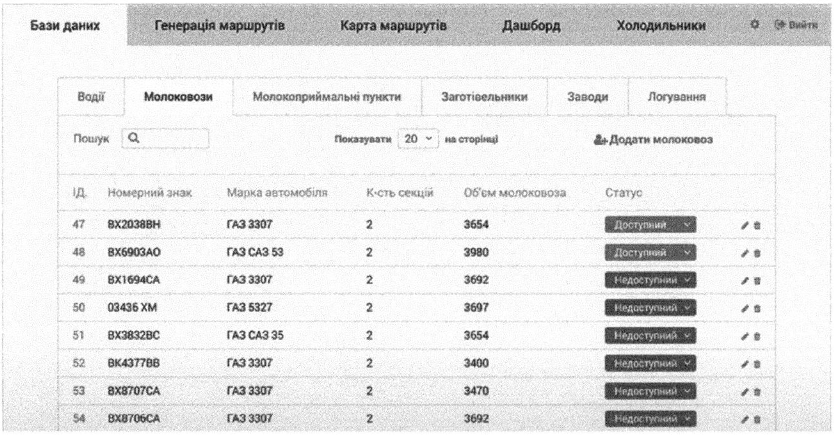

图 1-1　BVB 公司的农业物流流程优化系统界面

1.5.2　案例内容

BVB 公司的农业物流流程优化系统通过开发一种智能算法模型，同时考虑到大量的不确定因素的影响，并将这些因素作为模型的输入数据，建立牛奶运输的最佳路线。系统输入的参数包括牛奶罐的截面体积、每个工作班次的计划牛奶量、收集牛奶的时间、包装机的位置、冰箱、工厂和其他参与者的工作过程，以及许多其他参数。

通过应用智能算法模型，公司技术团队开发了一个路线规划系统，该系统与公司内部的 CRM 系统集成，可以通过简单的几次单击操作构建牛奶罐装路线。路线规划算法中将司机和牛奶容器的相关信息也作为规划的参数，从而提高了路线规划的准确性。操作员通过后台系统可以实时更新系统中所有司机、牛奶罐、包装机、工厂的数据。农业物流流程优化系统分析数据，将数据和参数输入线路规划模型，自动生成最优化的路线。

系统使用的主要 IT 技术包括：HTML、CSS、PHP、Yii 2.0。公司将路线规划系统中的位置跟踪模块与 GPS 系统集成，可以实时跟踪驾驶员在路线上的移动情况，如图 1-2 所示。通过这一系统，农业公司只需一名操作人员便可以控制整个机车车辆的移动，并在需要时做出迅速反应。系统可以独立地检测到偏离路线的情况并发出信号。操作员可以立即与驾驶员通信，以便调整移动路线。

1.5.3　案例总结

BVB 公司的农业物流流程优化系统能够在实时模式下建立牛奶运输的最优路线，并且考虑了从收集点的位置到路线每个特定部分的道路覆盖情况等影响因素。该系统是对物流系统进行优化的一个实例。

BVB 公司的农业物流流程优化系统具备了一般系统的输入、处理（转化）、输出、限制（制约）和反馈等功能。该系统将物流作业过程中的数据作为输入参数，并将一些影响因素作为限制参数，经数学模型的计算与优化，输出最佳物流路线。这一系统的应用，为农业公司降低了物流成本，提高了经济效益。

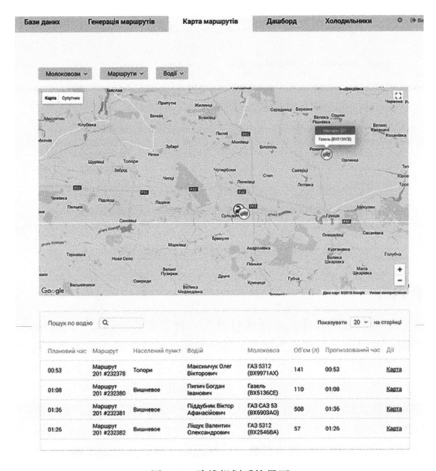

图1-2 路线规划系统界面

本章小结

本章介绍了物流的相关概念，包括物流系统规划与分析，物流管理相关理论，物流与供应链的关系等内容。最后对物流系统的类型进行了划分。

本章习题

1）请根据你的理解，试说明物流系统分析重点要考虑哪些内容？
2）物流与物流管理是相同的概念吗？
3）请根据你的理解，阐述供应链管理的主要内容。

第 2 章 物流与物流系统分析

学习目标
- 掌握现代物流的概念和内涵。
- 掌握物流系统的模式和特点。
- 理解物流系统的分析的步骤。
- 熟悉设施规划与分析的内容。

在物流系统优化中,如何进行设施选址是一个具有战略意义的问题。物流设施选址研究在理论和现实两个层面上都具有重要的意义。从现实意义出发,物流设施选址研究不仅直接利于物流设施的规划和建设,更好地推动物流业的发展,而且对促进经济发展、缓解城市交通压力、保护自然环境等方面都有积极意义。本章主要介绍物流的概念与内涵、物流系统的分析方法以及设施选址等内容,让读者能更好地了解物流的内涵以及设施规划的意义。

2.1 现代物流的概念与内涵

现代物流概念较复杂,是指包括运输、储存、装卸搬运、包装、流通加工、配送、信息处理等物流活动概念的集合。

2.1.1 现代物流的概念

物流的概念最早是在美国形成的,起源于 20 世纪 30 年代,原意为"实物分配"或"货物配送"。1963 年被引入日本,日文意思是"物的流通"。20 世纪 70 年代后,日本的"物流"一词逐渐取代了"物的流通"。从 20 世纪 80 年代起,物流已不再是"物"和"流"单纯地有机结合,而是从后勤保障系统演变而来,被广泛地称为"现代物流"。现代物流是以满足消费者的需求为目标,把制造、运输、销售等市场情况统一起来思考的一种战略措施。

中国的物流术语标准将物流定义为:物流是物品从供应地向接收地的实体流动过程。根据实际需要,将运输、储存、装卸搬运、包装、流通加工、配送、信息处理等功能进行有机结合。

现代物流是相对于传统物流而言的。传统的物流概念是指物质实体在空间和时间上的流动,即商品在运输、装卸、储存等方面的活动过程。而现代物流是在传统物流的基础上,引入高科技手段对物流信息进行科学管理,将现代管理制度、管理组织、管理技术和管理方法运用到物流活动中,加快了物流服务的速度,提高物流准确率,其任务是尽可能减少库存和降低物流的总成本。现代物流的内容包括物流专业化、管理系统化、运输合理化、仓储自动化、包装服务标准化、装卸机械化、配送一体化和信息网络化。

2.1.2 现代物流的内涵

现代物流不仅考虑从生产者到消费者的货物配送问题，而且还考虑生产者对原材料的采购，以及生产者在产品制造过程中的运输、保管和信息等各个方面，全面地、综合地提高经济效益和效率的问题。现代物流在发展过程中呈现出全球化、多功能化、系统化、信息化和标准化的态势，其中信息化是现代物流的核心。现代物流充分利用现代信息技术，打破了运输环节独立于生产环节之外的行业界限，通过供应链建立起对企业产供销全过程的计划和控制，从而实现物流信息化，即采用信息技术对传统物流业务进行优化整合，达到降低成本、提高效率的目的。

1. 物流信息化

现代物流活动的运作离不开信息化。信息在实现物流系统化和物流作业一体化方面发挥着重要作用。现代物流通过信息将各项物流功能活动有机地结合在一起，通过对信息的实时把握，控制物流系统按照预定的目标运行。

2. 物流的自动化

在现代物流活动中，广泛使用先进的运输、仓储、装卸搬运、包装以及流通加工等手段。运输手段的大型化、高速化、专用化，装卸搬运机械的自动化，包装的单元化，仓库的立体化、自动化，以及信息处理和传输的计算机化、电子化、网络化等，为开发现代物流提供了物质保障。

3. 服务系列化

现代物流强调物流服务功能的恰当定位与完善化、系列化。除了传统的储存、运输、包装、流通加工等服务外，现代物流服务在外延上向上扩展至市场调查与预测、采购及订单处理；向下延伸至配送、物流咨询、物流方案的选择与规划、库存控制策略建议、货款回收与结算、教育培训等增值服务；在内涵上则提高了对服务决策的支持作用。

4. 组织网络化

随着生产和流通空间范围的扩大，为了保证为产品促销提供快速、全方位的物流支持，现代物流需要有完善、健全的物流网络体系，网络上点与点之间的物流活动保持系统性、一致性，这样可以保证整个物流网络有最优的库存水平及库存分布，运输与配送快速、机动，既能铺开又能收拢，形成快速灵活的供应渠道。分散的物流单体只有形成网络才能满足现代生产与流通的需要。

2.1.3 传统物流与现代物流的区别

传统物流与现代物流的不同之处在于现代物流已突破了商品流通的范围，把物流活动扩大到生产领域，并向物流的两头逐渐延伸，使社会物流与企业物流有机地结合在一起。物流已不是从产品出厂才开始，而是包括从原材料采购、加工生产到产品销售、售后服务，直到废旧物品回收等整个物理性的流通过程。

现代物流与传统物流的区别如表2-1所示。

表 2-1 现代物流与传统物流的区别

传统物流	现代物流
提供简单的位移	提供增值服务
被动服务	主动服务
人工控制	信息管理
无统一服务标准	标准化服务
点到点或线到线服务	全球服务网络
单一环节的管理	整体系统优化

2.1.4 现代物流的发展

现代物流的发展呈现如下趋势。

1. 仓储、运输的现代化与综合化趋势

仓储现代化要求实现高度机械化、自动化和标准化，以及高效的人、机、物系统；运输现代化则要求建立起铁路、公路、水路、航空与管道的综合运输体系。二者匹配是现代物流的必备条件。

作为现代物流特征之一的物流社会化必然要求仓储、运输系统的综合性，以适应流通规模的扩大，满足对物流服务的各种要求。这种趋势体现在现实中即是第三方物流成为现代物流业的主流。

2. 第三方物流日益成为物流服务的主导方式

从欧美的情况看，生产加工企业不再拥有自己的仓库，而由另外的配送中心为自己服务，已经成为一种趋势。1998年美国某机构对制造业约500家大公司的调查显示，将物流业务交给第三方物流的企业占69%（包括部分委托）。研究表明，美国33%和欧洲24%的非第三方物流服务用户正积极考虑使用第三方物流服务。

3. 信息技术、网络技术日益广泛地用于物流领域，物流与电子商务日益融合

20世纪70年代电子数据交换技术（EDI）在物流领域的应用简化了物流过程中烦琐、耗时的订单处理过程，使得供需双方的物流信息得以即时沟通，物流过程中的各个环节得以精确衔接，极大地提高了物流效率。而互联网的出现则促使物流行业发生了革命性的变化，及时准确的信息传递满足了物流系统高度集约化管理的信息需求，保证了物流网络各网点和总部之间以及各网点之间信息的充分共享。

4. 协作物流

从企业内部来说，协作物流是对信息、运输、存货管理、仓储、物料供应、搬运、包装、实物配送等分散的物流作业领域的综合协调管理；从供应链战略管理的角度出发，现代物流管理指挥着跨企业组织的物流作业，实现供应链的协调。

协作物流通过综合供应者到消费者的供应链运作，使物流、信息流和资金流的流动达到最优化，并追求全面的、系统的综合效果，是现代物流发展的新趋势。

5. 物流全球化

物流全球化包含如下两层含义。第一层含义是指，经济全球化使世界越来越成为一个整体，大型公司特别是跨国公司日益从全球的角度来构建生产和营销网络，原材料、零部件的采购和产品销售的全球化相应地带来了物流活动的全球化。另一层含义是指，现代物流业正在全球范围内加速集中，并通过国际兼并与联盟，形成愈来愈多的物流巨无霸。1998年，欧洲天地邮政（TNT）以3.6亿美元兼并法国第一大国内快递服务公司Jef Service；1999年，英国邮政以5亿美元兼并德国第三大私人运输公司German Parcel。这些兼并活动不仅拓宽了企业的物流服务领域，同时也大大增强了企业的市场竞争力。

6. 服务化物流、绿色物流和逆向物流将是现代物流发展的主题

服务化物流源于人们收入的提高和消费的多样化、全方位化的发展趋势。绿色物流注重生态环境，减少物流活动对环境造成的危害，促进经济和消费生活的健康发展，是经济可持续发展的一个重要组成部分。

逆向物流在抑制传统直线型的物流对环境造成危害的同时，设计和建立一个闭环的循环物流系统，使传统物流末段的废旧物质能回流到正常的物流过程中来，是一种全新的物流形态。服务化物流、绿色物流和逆向物流共同代表了现代物流发展的主题。

小知识：《关于推动物流高质量发展，促进形成强大国内市场的意见》节选

发改经贸〔2019〕352号

各省、自治区、直辖市及计划单列市发展改革、网信、工业和信息化、公安、财政、自然资源、生态环境、住房城乡建设、交通运输、农业农村、商务、应急管理部门，中国人民银行上海总部，各分行、营业管理部，各省会（首府）城市中心支行，各副省级城市中心支行，海关总署广东分署、各直属海关，市场监管、统计、气象、银保监、证监、能源部门，各地区铁路监督管理局，民航各地区管理局，邮政管理局，各铁路局集团公司：

物流业是支撑国民经济发展的基础性、战略性、先导性产业。物流高质量发展是经济高质量发展的重要组成部分，也是推动经济高质量发展不可或缺的重要力量。为巩固物流降本增效成果，增强物流企业活力，提升行业效率效益水平，畅通物流全链条运行，按照党中央、国务院关于推动高质量发展的要求和中央经济工作会议精神，现提出以下意见。

1. 深刻认识物流高质量发展的重要意义

物流是实体经济的有机组成部分，加快解决物流发展不平衡不充分问题，推动物流高质量发展是推进物流业发展方式转变、结构优化和动力转换，实现物流业自身转型升级的必由之路；是降低实体经济特别是制造企业物流成本水平，增强实体经济活力的必然选择；是深化供给侧结构性改革，增强经济发展内生动力，提升社会经济运行效率的迫切需要；是促进形成强大国内市场，构建现代化经济体系，实现国民经济高质量发展的内在要求。物流业发展的贡献不仅在于行业企业本身创造的税收、就业等，更在于支撑和促进区域内各相关产业产生更多的税收和就业，有力推动区域经济较快增长。要把推动物流高质量发展作为当前和今后一段时期改善产业发展和投资环境的重要抓手，培育经济发展新动能的关键一招，以物流高质量发展为突破口，加快推动提升区域经济和国民经济综合竞争力。

2. 构建高质量物流基础设施网络体系

1） 推动国家物流枢纽网络建设。

围绕"一带一路"建设、京津冀协同发展、长江经济带发展、粤港澳大湾区建设、长三角一体化发展等重大战略实施，依据国土空间规划，在国家物流骨干网络的关键节点，选择部分基础条件成熟的承载城市，启动第一批15个左右国家物流枢纽布局建设，培育形成一批资源整合能力强、运营模式先进的枢纽运营企业，促进区域内和跨区域物流活动组织化、规模化、网络化运行。（发展改革委、交通运输部负责，列第一位的为牵头部门，下同）

2） 加强联运转运衔接设施短板建设。

发挥政府投资的示范带动作用，引导各类社会资本加大对公铁、铁水、空陆等不同运输方式的转运场站和"不落地"装卸设施等的投入力度，提高一体化转运衔接能力和货物快速换装便捷性，破解制约物流整体运作效率提升的瓶颈。推动具备条件的物流园区引入铁路专用线。加强入港铁路专用线等基础设施短板建设，支持铁路专用线进码头，打通公铁水联运衔接"最后一公里"，实现铁路货运场站与港口码头、前方堆场等的无缝衔接。（发展改革委、交通运输部、财政部、自然资源部、铁路局、民航局、铁路总公司按职责分工负责）

3） 完善城乡消费物流体系。实施城乡高效配送专项行动，完善城乡配送网络，鼓励企业在城乡和具备条件的村建立物流配送网点，加强公用型城市配送节点和社区配送设施建设，将末端配送设施纳入社区统一管理，推进设施共享共用，支持试点城市和企业加快构建城乡双向畅通的物流配送网络。实施"邮政在乡"工程，完善县乡村三级邮政农村物流配送体系建设。升级"快递下乡"工程，加快农村物流快递公共取送点建设，提升乡镇快递网点覆盖率。深入开展电子商务进农村综合示范，提升农村物流服务质量和效率，2019年力争对具备条件的国家级贫困县全覆盖。通过合资合作等方式发展面向乡镇（村）的农村物流服务体系。（商务部、交通运输部、住房城乡建设部、财政部、农业农村部、邮政局按职责分工负责）

4） 建立资源共享的物流公共信息平台。推进国家交通运输物流公共信息平台完善工作，鼓励和引导城市共同配送公共信息平台加强与国家交通运输物流公共信息平台有效衔接，促进相关部门、大型市场主体的物流公共数据互联互通和开放共享。在保障信息安全的情况下，扩大物流相关信息公开范围和内容，为物流企业和制造业企业查询提供便利。依托骨干物流信息平台试点单位，探索市场化机制下物流信息资源整合利用的新模式，推动建立国家骨干物流信息网络，畅通物流信息链，加强社会物流活动全程监测预警、实时跟踪查询。依托行业协会实施全国百家骨干物流园区"互联互通"工程，促进信息匹配、交易撮合、资源协同。（交通运输部、公安部、发展改革委、商务部、中央网信办、住房城乡建设部、自然资源部、铁路局、民航局、气象局、铁路总公司、中国物流与采购联合会按职责分工负责）

3. 提升高质量物流服务实体经济能力

1） 促进现代物流业与制造业深度融合。加强生产服务型国家物流枢纽建设，利用枢纽聚集的大量物流资源，为制造企业提供高效快捷的物流服务，降低制造企业物流成本，提升区域制造企业竞争力，支撑制造业高质量集群化发展。以深化实施"互联网+"高效物流和物流降本增效专项行动为突破口，促进物流业与制造业深度融合创新发展。研究出台促进物流业与制造业深度融合发展的政策措施，鼓励物流企业为制造企业量身定做供应链管理库存、"线边物流"、供应链一体化服务等物流解决方案。实施服务型制造示范遴选，支持物流企业开展服务化转型。增加开行面向大型厂矿、制造业基地等的"点对点"直达货运列车，提高协议制运输比重，扩大大宗物资运量运能互保协议范围，2019年力争达到25亿吨左右。加快发展面向集成电路、生物制药、高端电子消费产品等高附加值制造业的航空货运服务，加大"卡车航班"开行力度，构建高价值商品的快捷物流服务网络。（发展改革委、交通运输部、工业和信息化部、民航局、铁路总公司负责）

2）积极推动物流装备制造业发展。加大重大智能物流技术研发力度，加强物流核心装备设施研发攻关，推动关键技术装备产业化。开展物流智能装备首台（套）示范应用，推动物流装备向高端化、智能化、自主化、安全化方向发展。研究推广尺寸和类型适宜的内陆集装箱，提高集装箱装载和运送能力。在适宜线路开展铁路双层集装箱运输，推广铁路重载运输技术装备，提升铁路运能。（工业和信息化部、交通运输部、铁路总公司按职责分工负责）

3）提升制造业供应链智慧化水平。鼓励物流和供应链企业在依法合规的前提下开发面向加工制造企业的物流大数据、云计算产品，提高数据服务能力，协助制造企业及时感知市场变化，增强制造企业对市场需求的捕捉能力、响应能力和敏捷调整能力。鼓励发展以个性化定制、柔性化生产、资源高度共享为特征的虚拟生产、云制造等现代供应链模式，提升全物流链条的价值创造水平。（发展改革委、工业和信息化部、商务部、人民银行按职责分工负责）

4）发挥物流对农业的支撑带动作用。加强农产品物流骨干网络和冷链物流体系建设。聚焦农产品流通"最先一公里"，加强农产品产地冷链物流体系建设，鼓励企业利用产地现有常温仓储设施改造或就近新建产后预冷、贮藏保鲜、分级包装等冷链物流基础设施，开展分拣、包装等流通加工业务。鼓励企业创新冷链物流基础设施经营模式，开展多品种经营和"产销双向合作"，提高淡季期间设施利用率。加强邮政、快递物流与特色农产品产地合作，畅通农产品"上行"通道。发展第三方冷链物流全程监控平台，加强全程温度、湿度监控，减少"断链"隐患，保障生鲜农产品品质和消费安全。鼓励和引导大型农产品流通企业拓展社区服务网点，减少中间环节，降低农产品物流成本。发展"生鲜电商+冷链宅配""中央厨房+食材冷链配送"等冷链物流新模式，改善消费者体验。推动地方全面落实冷链物流企业用水、用电、用气与工业同价政策。（商务部、农业农村部、发展改革委、邮政局按职责分工负责）

4. 增强物流高质量发展的内生动力

1）发展物流新服务模式。健全完善相关法规制度和标准规范，推动以网络为依托的货运新业态规范有序发展。大幅提高铁路企业开行班列化货物列车数量。优化铁路班列运行组织方案,推动铁路"门到门"运输全程可追踪,提供信息查询服务。探索开行国内冷链货运班列和"点对点"铁路冷链运输。发展铁路危化品运输。发展"端到端"的物流模式。鼓励和支持云仓等共享物流模式、共同配送、集中配送、夜间配送、分时配送等先进物流组织方式发展,在具备条件的地区探索发展无人机配送等创新模式。(交通运输部、铁路总公司、商务部、公安部、民航局、发展改革委按职责分工负责)

2) 实施物流智能化改造行动。大力发展数字物流,加强数字物流基础设施建设,推进货、车(船、飞机)、场等物流要素数字化。加强信息化管理系统和云计算、人工智能等信息技术应用,提高物流软件智慧化水平。支持物流园区和大型仓储设施等应用物联网技术,鼓励货运车辆加装智能设备,加快数字化终端设备的普及应用,实现物流信息采集标准化、处理电子化、交互自动化。发展机械化、智能化立体仓库,加快普及"信息系统+货架、托盘、叉车"的仓库基本技术配置,推动平层仓储设施向立体化网格结构升级。鼓励和引导有条件的乡村建设智慧物流配送中心。鼓励各地为布局建设和推广应用智能快(邮)件箱提供场地等方面的便利。(发展改革委、工业和信息化部、商务部、中央网信办、交通运输部、农业农村部、民航局、邮政局按职责分工负责)

3) 推进多式联运发展。总结多式联运示范工程工作经验,研究制定统一的多式联运服务规则,完善多式联运转运、装卸场站等物流设施标准,力争在货物交接、合同运单、信息共享、责任划分、货损理赔等方面实现突破。加快建设多式联运公共信息平台,促进货源与公铁水空等运力资源有效匹配,降低车船等载运工具空驶率。依托国家物流枢纽网络开发"一站式"多式联运服务产品,加快实现集装箱多式联运"一单制"。研究在适宜线路开展驮背运输。发展海铁联运班列。在保障安全的前提下,积极推动LNG罐箱多式联运。(交通运输部、发展改革委、能源局、铁路局、民航局、铁路总公司负责)

4) 促进物流供应链创新发展。充分发挥物流供应链系统化组织、专业化分工、协同化合作和敏捷化调整的优势,发展符合中国特色的供应链企业,提高生产、流通资源的配置效率,提升企业综合运行效率效益。支持具备条件的物流企业做大做强,发展基于核心企业的"链主型"供应链,将上下游小微企业整合嵌入生产经营过程,强化资源系统整合与优化能力;发展基于现代信息技术的"平台型"供应链,重点解决信息不对称问题,提高资源整体配置效率;发展依托专业化分工的"互补型"供应链,实现资源和渠道的优势互补,提高企业协同发展水平;发展基于区域内分工协作的"区块型"供应链,促进区域内企业高效协同和集聚化发展,提升区域整体竞争优势;发展基于存货控制的"共享型"供应链,打通与整合生产、分销等各环节的库存管理,促进供应商与零售商之间的统仓共配。(发展改革委、商务部、工业和信息化部按职责分工负责)

5) 加快国际物流发展。深入推进通关一体化改革,建立现场查验联动机制,推进跨部门协同共管,鼓励应用智能化查验设施设备,推动口岸物流信息电子化,压缩整体通关时间,提高口岸物流服务效率,提升通道国际物流便利化水平。加强陆上边境口岸型物流枢纽建设,完善境外沿线物流节点、渠道网络布局。积极推动中欧班列枢纽节点建设,打造一批具有多式联运功能的大型综合物流基地,促进大型集结中心建设。加大中欧班列组织协调和品牌宣传力度,利用进口博览会等平台引导班列运营公司加强与中亚、欧洲沿线各国的大型生产制造企业的对接,针对大型企业打造"量身定做"的班列物流服务产品,促进中欧班列双向均衡运行,提升中欧班列国际物流服务能力与质量。(海关总署、发展改革委、商务部、铁路总公司按职责分工负责)

6)加快绿色物流发展。持续推进柴油货车污染治理力度。研究推广清洁能源(LNG)、无轨双源电动货车、新能源(纯电动)车辆和船舶,加快岸电设施建设,推进靠港船舶使用岸电。加快车用LNG加气站、内河船舶LNG加注站、充电桩布局,在批发市场、快递转运中心、物流园区等建设充电基础设施。鼓励企业使用符合标准的低碳环保配送车型。落实新能源货车差别化通行管理政策,提供通行便利,扩大通行范围,对纯电动轻型货车少限行甚至不限行。发展绿色仓储,鼓励和支持在物流园区、大型仓储设施应用绿色建筑材料、节能技术与装备以及能源合同管理等节能管理模式。以绿色物流为突破口,带动上下游企业发展绿色供应链,使用绿色包材,推广循环包装,减少过度包装和二次包装,推行实施货物包装和物流器具绿色化、减量化。(生态环境部、交通运输部、住房城乡建设部、发展改革委、能源局、工业和信息化部、公安部、邮政局、商务部按职责分工负责)

7)促进标准化单元化物流设施设备应用。精简货运车型规格数量,严查严处货车非法改装企业。研究制定常压液体危险货物罐车专项治理工作方案,稳步开展超长平板半挂车、超长集装箱半挂车等非标货运车辆治理工作。合理设置过渡期,通过既有政策措施加快淘汰存量非标货运车辆和鼓励应用中置轴厢式货车等标准厢式货运车辆,推动货运车辆市场平稳过渡和转型升级。推动城市配送车辆结构升级,逐步建立以新能源配送车辆为主体、小型末端配送车辆为补充的配送车辆体系。支持集装箱、托盘、笼车、周转箱等单元化装载器具循环共用以及托盘服务运营体系建设,推动二手集装箱交易流转。鼓励和支持公共"挂车池""运力池""托盘池"等共享模式和甩挂运输等新型运输发展。鼓励企业使用智能化托盘等集装单元化技术,研发使用适应生鲜农产品网络销售的可重复使用的冷藏箱或保冷袋,提升配送效率。鼓励企业使用1200 mm×1000 mm的标准托盘。加快物流信息、物流设施、物流装备等标准对接。

(资料来源:发展与改革委员会. 发展改革委等关于推动物流高质量发展促进形成强大国内市场的意见[EB/OL](2019-03-02)[2020-06-15]. http://www.gov.cn/xinwen/2019-03/02/content_5370107.htm.)

2.2 物流系统与物流系统分析

物流系统是一类特殊的子系统,具有自身特有的模式、特点和目标。物流系统的模式与一般系统模式类似,是离散的、具有自反馈功能的系统。

2.2.1 物流系统的内涵

随着全球经济一体化和信息技术的快速发展,社会生产、商品贸易、物资流通及其管理方式等都发生了巨大变化。物流业也从以运输和仓储管理为主要功能的传统物流阶段进入了自动化、网络化、集成化、信息化、智能化的现代物流阶段。

所谓物流系统，是指在一定的时间和空间里，由所需输送的物料和包括有关设备、输送工具、仓储设备、人员以及通信联系等若干相互制约的动态要素构成的具有特定功能的有机整体。从系统的角度理解，物流是一个系统，具有系统的特征。利用系统视角研究物流活动是现代物流科学的核心问题。物流系统的目的是在保证社会再生产顺利进行的前提下，提高货物的空间效率和时间效益，实现各种物流环节的合理衔接，从而使整个系统达到最优。

对于物流系统来说，首先要有明确的目的，即物流系统要实现的目标。物流系统的具体目标一般有如下五个方面。

1) 将货物按照规定时间、规定的数量送达目的地区。
2) 合理设置物流配送中心，维持适当的库存水平。
3) 实现装卸、保管、包装等物流作业的自动化、效率化。
4) 维持合适的服务水平与物流成本。
5) 实现物流活动全过程信息的顺畅流动等。

2.2.2 物流系统的模式

与一般系统模型相同，物流系统也具有输入、转换、输出、干扰（限制）、反馈等功能。物流系统也是社会经济系统的子系统或组成部分，受社会经济系统的制约和影响，物流系统通过投入和产出，与社会环境交换系统。物流系统的模式如图 2-1 所示。

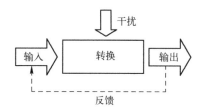

图 2-1 物流系统的模式

1. 输入

输入是指外部环境对物流系统的输入，即通过提供货物、能源、劳动力、设备资金、信息等手段对物流系统发生作用。

2. 转换

转换是指物流本身活动的过程。从输入到输出之间所进行的物流活动称为物流系数的处理或转换。具体内容有：物流设施设备建设；物流业务活动，包括运输、仓储、包装、流通加工、装卸与搬运等；信息处理及物流组织管理工作等。

3. 输出

物流系统与其本身所具有的各种手段和功能对环境的输入进行各种处理后，所提供的物流服务是系统的输出。具体内容有：货物位移、各种劳务产品（如合同的履约）、时间空间效用、信息提供及其他优质服务等。

4. 干扰（限制和制约）

外部环境通过对物流系统施加一定的限制和约束来干扰物流系统运行。具体内容有：资源条件限制、能源限制、资金与生产运作能力的限制、价格影响、需求变化及政策变化等。

5. 反馈

物流系统在转换处理过程中，由于受系统外部各种因素的干扰，有时不能按计划执行，得到预期的结果，这时需要根据输出结果调整输入方式与处理方式，即使按计划执行，也要返回信息以对工作做出评价，这就是信息反馈。信息反馈的活动包括：各种物流活动分析报告、统计报告数据、典型调查结果、国内外市场信息与有关动态等。

2.2.3 物流系统的特点

物流系统具有一般系统所共有的特点，如整体性、相关性、目的性、环境适应性等，同时还具有规模庞大、结构复杂、目标众多等大系统所具有的特征。

1. 物流系统是一个"人机系统"

物流系统是由人和形成劳动手段的设备、工具所组成，具体表现为物流劳动者使用运输设备、装卸搬运机械、仓库、港口、车站等设施，作用于货物的一系列生产活动。在这一系列的物流活动中，人是系统的主体。因此，在研究物流系统的各个方面问题时，必须把人和物有机地结合起来，加以考察和分析。

2. 物流系统是一个大跨度系统

在现代经济社会中，企业间物流经常会跨越不同的地域，国际物流的地域跨度更大。物流系统通常采用存储的方式解决产需之间的时间矛盾，这一过程的时间跨度往往也很大。

物流系统的跨度越大，其管理方面的难度则越大，对信息的依赖程度也就越高。

3. 物流系统是一个可分系统

无论规模多大的物流系统，都可以分解成若干个相互联系的子系统。这些子系统的多少和层次的阶数，是随着人们对物流系统的认识和研究的深入而不断扩充的。系统与子系统之间，子系统与子系统之间，存在着时间和空间上及资源利用方面的联系，也存在总目标、总费用及总运行结果等方面的相互联系，同时子系统又可以在物流管理目标与管理分工上自成体系，具有独立性。因此，物流系统不仅有多层次性，而且还具有多目标性。在对物流系统的分析与设计中，既要研究物流系统运行的全过程，也要对物流系统的某一环节加以分析。

4. 物流系统是一个动态系统

物流系统一般联系多个企业与用户，随着需求、供应、渠道、价格的变化，系统内部的要素及系统的运行也经常发生变化。物流系统常受到社会生产、需求的广泛制约，所以物流系统必须是具有适应环境能力的、随环境变化而变化的动态系统。

5. 物流系统是一个复杂系统

物流系统的运行对象——物，可以是全部社会物资资源，资源的多样性带来了物流系统的复杂化。物资资源品种成千上万，从事物流活动的人员队伍庞大，物流系统内的物资占用大量的流动资金，物流网点遍及城乡各地。这些人、财、物资源的组织和合理利用，是一个非常复杂的问题。

在物流活动的全过程中，伴随着大量的物流信息，物流系统要通过这些信息把各个子系统有机地联系起来。收集、处理物流信息，并使之指导物流活动，也是一项复杂的工作。因此，在分析与设计物流系统时，要充分认识到物流系统的复杂性。

6. 物流系统是一个多目标系统

物流系统的总体目标是实现整体经济效益的最大化。但物流系统各要素存在非常强烈的"悖反"现象，这常称之为"二律悖反"或"效益悖反"现象。因此，在实际工作中很难将时间最短、服务质量最佳、物流成本最低这三个因素同时实现。例如，在存储子系统中，为了确保供应和促进生产，人们提出了多种提高存储库存和多种材料存储的方法。而为了加快资金周转和减少资金占用，人们又将建议降低库存要求。这些矛盾的问题在物流系统中很普遍，物流系统正是在这些矛盾中运行，并尽可能满足人们的要求。显然，在物流系统的分析和设计中，有必要建立一个多目标函数，并在多个目标中获得系统的整体最优效果。

2.2.4 物流系统的目标

物流系统作为社会经济大系统中的一个子系统或组成部分，其目标是获得最大的宏观和微观经济效益。在设计与运行物流系统时，要以宏观和微观两个效益为目的。具体来讲，物流系统要实现以下5个目标，简称为5S。

1. 服务（Service）

物流系统的本质要以用户为中心，树立用户第一的观念。在物流活动中要做到无缺货、无货物损伤和丢失等现象出现，并且费用要低，这些都要求物流系统对生产与消费者有很强的服务性。物流系统的这种服务性决定了其本身具有一定的从属性。物流系统采取的送货、配送等形式，就是其服务性的体现。近年来，在物流管理上出现的"准时供应""柔性供货"等方法，也是其服务性的表现。

2. 快速、及时（Speed）

物流系统的快速、及时是其服务性的延伸。快速、及时既是用户的要求，也是社会发展进步的要求。随着社会化大生产的发展，对物流快速、及时的要求也更加强烈。在物流领域采用的诸如直达物流、多式联运、时间表系统等管理和技术，就是这一目标的体现。

3. 低成本（Saving）

在物流领域中，除了流通时间节约之外，由于流通过程消耗大但又基本上不增加或不提高商品的使用价值，所以依靠节约来降低投入是提高相对产出的重要手段。在物流领域里，可以通过推行集约化经营方式，提高物流作业的能力，以及采取各种节约、省力、降耗等措施，来实现降低物流成本的目标。

4. 规模优化（Scale Optimization）

以物流规模作为物流系统的目标，依此来追求"规模效益"。生产领域的规模效益是早已为社会所承认的。实际上，规模效益问题在流通领域也异常突出，只是由于物流系统比生产系统的稳定性差，因此难以形成标准的规模化模式，也难以获得规模效益。物流领域以分散或集中等不同方式建立物流系统，研究物流的集约化、机械化、自动化以及信息系统的利用等，都是规模优化这一目标的体现。

5. 库存控制（Stock Control）

库存控制是及时性的延伸，也是物流系统本身的要求，涉及物流系统的效益。物流系统通过本身的库存，实现对众多生产企业与消费者的需求保证，从而创造良好的社会外部环境。库存过多则需要更多的保管场所，而且会产生库存资金积压，造成浪费。因此，必须按照生产与流通的需求变化对库存进行控制。同时，物流系统又是国家进行资源配置的一环，系统的建立必须考虑到国家资源配置及宏观调控的需要。在物流领域中正确确定库存方式、库存数量、库存结构、库存分布就是这一目标的体现。要发挥物流系统的效果，就要把从生产到消费过程的货物量作为不断流动的物流量看待，缩短物流路线、物流时间，使物流作业合理化、现代化，从而实现物流系统的目标。

小知识：六西格玛（6σ）管理法

6σ管理法是一种统计评估法，核心是追求零缺陷生产，防范产品责任风险，降低成本，提高生产率和市场占有率，提高顾客满意度和忠诚度。6σ管理既着眼于产品、服务质量，又关注过程的改进。"σ"是希腊文的一个字母，在统计学上用来表示标准偏差值，用以描述总体中的个体离均值的偏离程度，测量出的σ表征着诸如单位缺陷、百万缺陷或错误的概率，σ值越大，缺陷或错误就越少。

6σ是一个目标，这个质量水平意味的是所有的过程和结果中，99.99966%是无缺陷的，也就是说，做100万件事情，其中只有3.4件是有缺陷的，这几乎趋近到人类能够达到的最为完美的境界。6σ管理关注过程，特别是企业为市场和顾客提供价值的核心过程。因为过程能力用σ来度量后，σ越大，过程的波动越小，过程以最低的成本损失、最短的时间周期满足顾客要求的能力就越强。

6σ理论认为，大多数企业在3σ~4σ间运转，也就是说每百万次操作失误在6210~66800之间，这些缺陷要求经营者以销售额在15%~30%的资金进行事后的弥补或修正，而如果做到6σ，事后弥补的资金将降低到约为销售额的5%。

2.2.5 物流系统的要素

物流系统的构成要素包括物流主体、物流客体及物流载体，包括一般要素、功能要素、支撑要素和物质基础要素。

1. 一般要素

一般要素是维持物流活动得以运行的基本条件，没有这些基本条件，物流就无法发生，也无法运行。这些基础要素就是与物流活动有关的人、财、物、信息四要素。

1)"人"是物流的主要要素。劳动者，即为人，是所有系统的核心要素，提高劳动者的素质，是建立合理化的快递物流系统并使它有效运转的根本。

2)"财"是指物流活动中不可缺少的资金。资金是所有企业系统的动力，物流系统建设是资本投入的一大领域，离开资金这一要素，物流活动难以实现。

3)"物"是指物流系统的劳动对象。如原材料、成品、半成品，各种物流设备和工具，各种消耗材料等。没有物，物流系统便成了无本之木。

4)"信息"是指物流系统所需要处理的信息要素。在物流活动全过程中，始终贯穿着大量的物流信息。物流系统要通过这些信息把各个子系统有机地联系起来。

2. 功能要素

物流系统的功能要素指的是物流系统所具有的基本能力，这些基本能力有效地组合、连接在一起，变成了物流系统的总功能，便能合理、有效地实现物流系统的总目的。主要包括运输、储存保管、包装、装卸搬运、流通加工、配送、物流信息等要素。

3. 支撑要素

物流系统的建立及运转涉及面十分广，需要有许多支撑手段，主要包括以下几个方面。

1）体制制度。体制制度决定物流系统的结构、组织、领导、管理方式，国家对其控制、指挥、管理方式以及这个系统的地位、范畴，是物流系统的重要保障。

2）法律法规。物流系统的运行不可避免涉及企业和人的权益问题，法律法规一方面限制和规范物流系统的活动，使之与更大系统协调，一方面为物流系统给予法律保障。

3）行政命令。行政命令是决定物流系统正常运转的重要支持要素。

4）标准化系统。标准化系统是保证物流环节协调运行，保证物流系统与其他系统在技术上实现联结的重要支撑条件。

4. 物质基础要素

物流系统的建立和运行，需要大量的技术装备，这些要素是实现物流系统运行的物质基础。物流系统的物质基础要素主要有以下几个方面。

1）物流设施。它是组织物流系统运行的物质基础条件，包括物流站、货场、物流中心、仓库、物流线路、建筑、公路、铁路、港口等。

2）物流设备。它是保证物流系统开工的条件，包括仓库货架、进出库设备、加工设备、运输设备、装卸机械等。

3）物流工具。它是物流系统运行的物质条件，包括包装工具、维护保养工具、办公设备等。

4）信息技术及网络。它是掌握和传递物流信息的手段，包括通信设备及线路、传真设备、计算机及网络设备等。

5）组织及管理。它是物流网络的"软件"，起着连接、调运、运筹、协调指挥各要素的作用，以保障物流系统目标的实现。

2.2.6 物流系统分析的内容

物流系统分析是指从对象系统整体最优出发，在优先系统目标、确定系统准则的基础上，根据物流的目标要求，分析构成系统各级子系统的功能和相互关系，以及系统同环境的相互影响，寻求实现系统目标的最佳途径。

物流系统的分析方法是指在进行规划设计工作时，根据系统的概念、构成和性质，把规划对象作为一个系统进行充分了解和分析，再将分析结果加以综合，使之能够最有效地实现系统的目标，并且将评论方法贯穿于分析与综合过程中。分析、综合、评价是物流系统规划中处理问题最基本的方法，三者关系如图 2-2 所示。

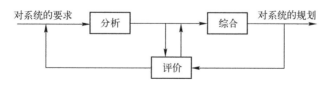

图 2-2 物流系统分析的内容

1. 分析过程

分析过程的主要任务是为系统收集充足和必要的信息，并初步制定多套可满足集合要求的备选方案，用各种手段和方法分析对象系统的要求、结构及功能等，并考虑到环境、资源、状态等约束条件，建立各种替代方案所需的分析模型，根据评估标准评估分析结果，以获得更多的满意的建议。该分析过程旨在实现系统的整体效益，侧重于寻求解决特定问题的最佳策略，使用定性和定量分析方法为决策者提供有价值的信息，以获得有利的决策。在分析过程中，需要考虑五个基本要素：目标、替代方案、模型、指标体系、评价准则。

1) 目标。目标是决策的出发点，为了正确获取决策所需的各种有关信息，物流系统分析人员的首要任务就是充分了解建立物流系统的目的和要求，同时还应确定物流系统的构成和范围。

2) 替代方案。一般情况下，为实现某一目标，总会有几种可采取的方案或手段，这些方案彼此之间可以相互替换。选择一种最合理的方案是物流系统要分析研究和解决的问题。

3) 模型。模型是系统分析的基本方法，是对实体物流系统抽象的描述。它可以将复杂的问题化为易于处理的形式。在分析过程中，借助于模型来有效获取物流系统规划设计所需要的参数，并据此确定各种制约条件，同时还可以利用模型来预测各替代方案的性能、成本与效益，有利于对各种替代方案进行分析和比较。

4) 指标体系。指标体系指的是若干个相互联系的统计指标所组成的有机体，即系统目标所涉及的各个方面。费用与效益是最重要的两个指标。分析阶段要根据系统的目标来确定具体的明细指标。

5) 评价标准。评价标准是物流系统分析中确定各种替代方案优化顺序的依据，是评价方案优劣的尺度。评价标准根据具体情况而定，费用与效益的比较是评价各方案的基本手段。

2. 综合过程

系统综合是以分析过程中提出的各种推荐方案为基础，选定系统规划设计的方法，研讨系统分析的结果，收集整理设计数据，为系统分析的每个推荐方案给出总体框架、结构、系统详细分析设计及方案实现，以供进行评价决策。

3. 评价过程

系统评价过程是对分析或综合设计出来的可供选择的方案，用技术、经济和环境多视角来综合评价的过程。特别是审核系统综合设计的合理性与实现综合设计方案的风险性，从而选择适当的可能实现的方案。

具体的工作任务包括设定评价方法，进行方案的费用评估、效益评估、风险评估，在评估的基础上进行综合评估，最后通过决策，选择可行的方案。

2.2.7 物流系统分析的步骤

物流系统工程的基本思想方法与一般系统工程的基本思想方法相同。对于一般的物流系统工程，运用的思想方法分七个步骤：提出问题、制定目标、系统综合、系统分析、择优决策、提交成果、实施。对于任何一个物流系统工程问题，都要采用系统方法论中处理问题的基本方法，首先查清原因；其次确定目标，看问题要解决到什么程度；再次为达到这些目标，设计各种可行方案；然后根据系统的概念、构成和性质，把规划对象作为一个系统进行充分了解和分析，再将分析结果加以综合，并分别进行调试、完善、优化；最后，在优化后的可行方案中挑选最优的方案付诸实施，制订实施计划、步骤、方针政策。

1. 提出问题

进行系统分析首先要提出问题，并界定问题的范围、明确问题的性质。具体内容有：是包括运输、存储、装卸搬运等许多环境在内的大系统，还是一个物流中心或一个仓库内部的系统；是改善一个原有物流系统，还是设计一个新物流系统，必须清楚了解任务的目的要求。通常，问题是在一定的外部环境作用和内部发展需要中产生的，不可避免地带有一定的本质属性和存在范围。只有明确了问题的性质、范围后，系统分析才能有可靠的起点。

2. 制定目标

系统分析是针对所提出的具体目标展开的，目标主要是通过某些指标来表达的，而标准是衡量目标到达的尺度。由于实行系统功能的目的是靠多方面的因素来保证的，因此物流优化的目标也必然有若干个。

3. 系统综合

系统综合即汇总各种可行性方案，并进行论证。方案的可行性论证要有精确的数据，为系统分析做好准备。

4. 系统分析

系统分析是为了找出实现系统功能的主要因素及其相互关系，确认主要因素的影响程度、它们之间的相关程度、总目标和分目标的达成途径及其约束条件，通常采用建立模型的方法进行系统分析。由于表达方式和方法的不同，模型有图式模型、模拟模型和数学模型之分。

对于复杂系统，系统分析不是一次就能够完成的，有时要根据分析结果对原先提出的目标进行再探讨，甚至重新划定系统范围再作系统分析。

5. 择优决策

运用最优化理论和方法，对若干个替代方案的模型进行仿真和优化计算，求出几个潜在考虑前提条件、假定条件和约束条件后，在结合知识和经验的基础上决定最优解，从而为选择最优系统方案提供必要的信息。

6. 提交成果

选择最优系统方案后，即可提交成果。

7. 实施

根据前述步骤得到方案，实施物流系统分析。

2.3 设施规划与分析过程

设施规划是在对物流系统详细分析的基础上进行的规划活动，为物流系统高效运作的基础。设施规划的好坏将直接关系到未来物流系统的运作效率。

2.3.1 设施规划与物流分析的定义

"设施"是指一个企业所拥有的有形资产，包括实体建筑、机器设备、物品物料和工作人员。"规划"是指将一个系统中的资产做最有效的分配、安排，使系统达到最佳的绩效表现。设施规划与物流分析是在对生产系统或服务系统进行新建、扩建或改建的前期，综合考虑设施设备的利用效率和物流在设施设备之间的流动效率等相关因素，进行分析、构思、规划、论证和设计并做出全面安排，使资源得到合理配置，使系统能够有效运行，从而达到预期目的的工作总称。

2.3.2 设施规划与物流分析的原则

设施规划与分析的核心是对"设施"进行优化整合，使人力、财力、物力和人流、物流、信息流得到合理、经济、有效的配置和安排，即要确保企业以最小的投入获取最大的效益。为了达到这个目标，现代设施规划与设计应遵循如下原则。

1）减少或消除不必要的作业，这是提高企业生产率和降低消耗最有效的方法之一。只有在时间上缩短生产周期，空间上减少占地，物料上减少停留、搬运和库存，才能保证投入资金最少，生产成本最低。

2）以流动的观点作为设施规划的出发点，并贯穿在规划设计的始终，这是因为生产系统的有效运行依赖于人流、物流、信息流的合理化。

3）运用系统的概念、系统分析的方法求得系统的整体优化。

4）重视人的因素，运用人机工程理论进行综合设计，并考虑环境的条件，包括空间大小、通道配置、色彩、照明、温度、湿度、噪声等因素对人的工作效率和身心健康的影响。

5）设施规划设计是从宏观到微观，又从微观到宏观的反复迭代、并行设计的过程。要先进行总体方案布置设计，再进行详细布置；而详细布置设计方案又要反馈到总体布置方案中，对总体方案进行修正。

总之，设施规划与设计就是要综合考虑各种相关因素，对生产系统或服务系统进行分析、规划、设计，使系统资源得到合理的配置。

2.3.3 设施规划与物流分析的一般程序

设施规划与物流分析是一项复杂的系统工程，可以分为以下循序渐进的10个步骤。

1）提出项目建议书。
2）进行可行性研究。
3）选择建设地点（选址分析、厂房布置分析）。
4）编制设计文件（设备布置规划与分析）。
5）制订年度计划。
6）设备、材料订货和施工准备（加工设备、搬运设备、仓储设备等）。
7）组织施工。
8）运营准备。
9）竣工验收。
10）项目后评价。

2.3.4 设施规划与物流分析的工作内容

设施规划与物流分析是一项复杂的生产系统或服务系统，面对着很宽的业务要求，需要进行各种类型的作业和活动。主要的作业和活动有：调查、测定、分类、预测、分析、研究、综合、模拟、计算、绘图、制表、改进、协调、选择、编制、评价、答辩、总结等。工作范围主要有：生产、装配、包装、收货、储存、搬运、发货、安全、环境、辅助部门、办公室、设备、毛坯、材料、外购件、公用设施等。设施规划的内容主要包括以下10个方面。
1) 场址选择——对设施进行地区、地点的选择。
2) 布置设计——对建筑物、设备、运输通道、场地进行合理配置。
3) 搬运设计——对物料搬运路线、方法、器具及储存场地做合理安排。
4) 建筑设计——对建筑结构进行设计，以满足功能、空间、经济等需要。
5) 公用工程设计——对电力、照明、排水、通风等进行协调设计。
6) 信息通信设计——对信息通信的传输系统进行全面设计。
7) 社会物流网络规划设计——物资流通设施的布点网络研究。
8) 企业内部物流系统设计——物流路线合理化研究。
9) 物流管理方法设计——经济批量、储存合理化、搬运计划研究。
10) 物流设备选择——仓储设施、设备、器具研究。

2.3.5 设施规划与物流分析的意义

过去，设施规划主要是作为一门学科来研究，但在当今全球市场的竞争环境下，设施规划更多的是作为一项战略。企业不再是独立的个体竞争，而是必须加入某种组织或共同体，形成关注顾客的综合供应链才能保持企业竞争力。美国的企业界及学术界从企业管理的角度看待设施规划与物流设计的作用，认为设施规划与物流设计是科学管理企业的开端，是企业管理的蓝图。

设施规划就是要确定作业单位有形的固定资产如何最好地支持该作业单位要达到的目标。实践证明，对于一个建设项目，资源利用是否合理，工厂布置是否得当，工艺设备是否先进，能否取得好的投资效果，能否实现企业的科学管理，能否发挥企业的经济效益和社会效益，规划起着决定性的作用。在我国，设施规划与物流分析被认为是工业企业的灵魂。设施规划与物流分析是提高企业生产效率的一项重要技术，采用该技术可以帮助企业挖掘潜力，消除人力、物力、时间方面的浪费，从而提高企业的经济效益和增强企业的竞争力，有利于企业的发展。因此，优良的设施规划是提高生产系统效益的重要源泉和手段，是改善生产系统整体功能、实现现代化管理和先进生产方式的前提和基础。设施规划与物流分析是生产系统规划与设计的主要内容，是企业的一种典型的长期决策，是保障和改善生产系统整体功能的结构基础，是提高生产系统效益的重要手段，是企业现代化管理与先进制造技术的开端和主要内容。

2.4 案例——蒙牛打造快速物流系统

快速有效的物流系统造就了企业的竞争优势。时间是企业可供开发的秘密武器，在时间反应上享有的优势可以为其他竞争差异提供基础，从而构成企业总体上的竞争优势。

2.4.1 案例背景

物流运输是乳品企业的重大挑战之一。蒙牛目前的布局已经遍布全国，其产品远销到香港、澳门，甚至还出口东南亚。蒙牛要如何突破配送的瓶颈，把产自大草原的奶送到更广阔的市场呢？另外一个重要的问题是，巴氏奶和酸奶的货架期非常短，巴氏奶的货架期仅10

天，酸奶也不过21天左右，而且对冷链的要求最高。巴氏奶从牛奶挤出运送到车间加工，直到运到市场销售，全过程都必须保持在0~4℃之间贮存，酸奶则必须保持在2~6℃之间贮存。这对运输的时间控制和温度控制提出了更高的要求。

2.4.2 案例内容

为了能在最短的时间、有效的存储条件下，以最低的成本将牛奶送到商超的货架上，蒙牛采取了以下措施。

1. 缩短运输半径

对于酸奶这样的低温产品，由于其保质日期较短，加上消费者对新鲜度的要求很高，一般产品超过生产日期三天以后送达商超，商超会拒绝该批产品，因此，对于这样的低温产品，蒙牛要保证在2~3天内送到销售终端。

为了保证产品及时送达，蒙牛尽量缩短运输半径。在成立初期，蒙牛主打常温液态奶，因此奶源基地和工厂基本都集中在内蒙古，以发挥内蒙古草原的天然优势。当蒙牛的产品线扩张到酸奶后，蒙牛的生产布局也逐渐向黄河沿线以及长江沿线伸展，使牛奶产地尽量接近市场，以保证低温产品快速送达卖场、超市。

2. 合理选择运输方式

目前，蒙牛产品的运输方式主要有两种，汽车和火车集装箱。蒙牛在保证产品质量的原则下，尽量选择费用较低的运输方式。对于路途较远的低温产品运输，为了保证产品质量的前提下将其快速送达消费者手中，蒙牛往往采用成本较为高昂的汽车运输。例如，北京销往广州等地的低温产品，全部走汽运方式，虽然成本较铁运高出很多，但在时间上能有保证。

为了更好地了解汽车运行的状况，蒙牛在一些运输车上安装了GPS系统，该系统可以跟踪了解车辆的情况，比如是否正常行驶、所处位置、车速、车厢内温度等。蒙牛管理人员在网站上可以查看所有安装此系统的车辆信息。GPS的安装，给物流以及相关人员包括客户带来了方便，避免了有些司机在途中长时间停车而影响货物送达或者产品途中变质等情况的发生。

而对于保质期比较长的产品，则尽量依靠内蒙古的工厂供应，因为这里有较好的奶源。产品远离市场的长途运输问题依靠火车集装箱来解决。与公路运输相比，这样更能节省费用。在火车集装箱运输方面，蒙牛与中铁集装箱运输公司开创了牛奶集装箱"五定"班列这一铁路运输的新模式。"五定"即"定点、定线、定时间、定价格、定编组"，"五定"班列定时、定点、一站直达，有效保证了牛奶运输的及时、准确和安全。

3. 全程冷链保障

低温奶产品必须全过程都保持2~6℃之间温度，这样才能保证产品的质量。蒙牛牛奶在"奶牛-奶站-奶罐车-工厂"这一运行序列中，采用低温、封闭式的运输。无论在茫茫草原的哪个角落，"蒙牛"的冷藏运输系统都能保证将刚挤下来的原奶在6个小时内送到生产车间，确保牛奶新鲜的口味和丰富的营养。出厂后，在运输过程中，则采用冷藏车保障低温运输。在零售终端，蒙牛在其每个小店、零售店、批发店等零售终端投放冰柜，以保证其低温产品的质量。

4. 把每一笔订单做大

物流成本控制是乳品企业成本控制中一个非常重要的环节。蒙牛减少物流费用的方法是尽量把每一笔订单变大，形成规模后，在运输的各个环节就能得到优惠。比如利乐包产品采用铁路运输，每年运送货物达到一定量后，在配箱等方面可以得到很好的折扣。

此外，蒙牛的每一次运输活动都经过了严密的计划和安排，运输车辆每次往返都会将运进来的外包装箱、利乐包装等原材料和运出去的产成品进行基本结合，使车辆的使用率提高了很多。

2.4.3 案例总结

企业在进行物流运输系统设计的时候要综合考虑运输成本、运输速度、运输一致性、与物流节点的匹配程度等关键要素。蒙牛从系统层审视运输系统存在的问题，并通过优化运输路线、改变运输方式、优化订单等方式，对整个物流系统进行规划，自上而下系统地对运输系统进行了优化。优化后的物流系统，效率显著提升，车辆利用率提高也就意味着避免了部分浪费，降低了整体物流成本。

由上述案例可以看出，物流设施规划的过程是一个系统的分析过程，要从系统的角度从上至下进行分析，找出整个物流系统所存在的问题，并针对问题进行整体的规划和实施。

本章小结

物流业是覆盖最广泛的产业之一，也是全球化表现最突出的领域之一，物流学这种综合学科群的出现，是现代大生产、大流通的必然要求。在物资供应、生产、流通以及废弃物回收与再生的全范围和全领域，现代物流强调物流的活动的系统化、一体化、网络化和协同化。物流合理化是对物流设备配置和物流活动组织进行调整改进的过程。物流系统规划与设计以物流系统内部的自然资源、社会资源和现有的技术经济构成为依据，在掌握运输、仓储等基本要素的基础上，研究确定物流系统发展方向、规模和结构，使物流系统可持续发展，从而获得最佳经济效益、社会效益与生态效益，为物流运作创造最有利的环境。由于物流系统的规划与设计的政策性与综合性强，因此要善于从宏观着眼，从微观入手，运用系统方法论解决问题的方法与步骤进行综合分析与认证。

本章习题

1）物流、物流系统和物流系统分析的概念是什么？
2）如何认识物流的地位与作用？
3）试述物流合理化的途径。
4）简述物流系统分析的步骤。
5）分析以下案例并思考问题。

Best Foods 公司是位于费城的美国大型食品公司，该公司开发出了一种新型咖啡并计划在全国试销。除了试销，Best Foods 还想以每磅 2.5 美元的推广价格销售一周，用新产品占领市场。推广活动的第二周，Best Foods 计划将价格增加到每磅 2.75 美元，同时所有一磅装的咖啡桶都增高 3 英寸并装入一个免费的不锈钢量勺。

在产品引入的两周前，销售部门利用各种媒体在全国广泛地发布了广告。海报、广告牌、报纸、广播和电视都在展示新咖啡广告。全国的主要食品连锁店都设立了有奖销售点，由 Best Foods 提供奖品。

新产品的生产运行推广的一个月前就已经开始。新产品的预计需求是第一周 100 万套，第二周 125 万套。生产运行必须提前开始以满足预计的产品需求，并且允许生产中断，以便在第二周调整生产新规格的咖啡桶。

讨论题：

① 描述在销售、生产和流通部门之间需要产生什么样的相互影响。解释在新产品中物流部门的作用。

② 为什么物流部门必须了解新产品推介的促销和生产计划中所有的计划变动？讨论可能产生的各种问题（例如，第二种产品的规格和重量的变化）和物流部门的职责。

第 3 章　设施选址及评价

学习目标
- 理解设施选址的目标与原则。
- 掌握设施选址的影响因素以及选址的流程。
- 掌握选址的评价方法。
- 熟悉仓库选址的实例。

在物流系统的规划与设计中，物流设施的选址是一个至关重要的问题，关系设施在今后生产运作中的经济性与合理性。物流设施选址通过对物流节点的数量、位置和分配方案进行优化，以提高物流系统的有效性和效率。物流节点的数量决定物流系统的结构和层次；反之，物流系统的层次又会影响决策与选址。物流设施的选址决策影响整个企业物流系统的结构和系统中其他要素的决策，如库存、运输等；另一方面，系统中其他要素的决策也会影响物流设施的选址决策。因此，设施的选址与库存、运输成本之间存在着密切联系。

物流设施的选址是一项重要而复杂的活动，需要进行多次调查研究和勘测，涉及地区规划、地质勘探、气象、环保等部门及设施规划人员的共同合作。理想的选址不仅直接利于物流设施的规划和建设，更好地推动物流业的发展，而且对于促进经济发展、缓解城市交通压力、保护自然环境等方面都有积极意义。

3.1　设施选址的目标与原则

设施选址是设施规划前期的一项重要工作，设施选址的目标要符合设施规划的整体目标要求。工作过程要遵循科学合理的工作步骤，依原则行事，避免因选址失误造成设施规划的失败。

3.1.1　设施选址的目标

一个设施是一个有机的整体，由相互关联的子系统组成，因此必须以设施系统自身的目标作为整体规划设计活动的中心。在设施选址过程中，要将人力、物力、财力与人流、物流、信息流紧密结合，以最合理、经济的投入来产生最大的效益。不论是新设施的规划还是旧设施的再规划，具体的目标包括以下几个方面。

1. 简化加工过程

缩短生产周期，优化生产流程的均衡性，减少在制品。物流均衡能够减少生产线上的在制品停留时间，减少生产过程中的库存，达到工艺过程的要求，尽量使生产对象流动顺畅，避免工序间的往返交错。

2. 有效利用设备、空间、能源和人力资源

使场地利用达到适当的建筑占地系数，使建筑物内部设备的占用空间和单位制品的占有空间最小化。

3. 最大限度减少物料搬运（物流量最大化）

减少生产线上在制品数量、停留时间及搬运交叉现象，可以减少搬运作业量，并能确保安全。物流量是反映物流设施作业能力的指标，而反映物流量的主要指标是吞吐量和周转量，从投资物流设施角度，这两个指标可用来测量物流设施的利用率，物流量越大，效益越高。如港口经营管理中，需要不断挖掘潜力，提高港口吞吐量。但从整个物流系统来看，吞吐量与周转量无法适应现代物流的多品种、小批量、高频度的趋势。例如物流设施与顾客距离越远，则周转量越大，费用也越高，若以吨千米数最大化为决策目标，则物流设施选址与客户的距离越远越好，这显然违背设置物流设施的根本目的。因此，在物流点选址决策中，要在成本最小化的前提下，考虑物流量最大化。

4. 缩短流程时间

各台生产设备保持有机联系的布置，可以减少浪费与不合理，利于提高生产率。使设备投资最少、生产周期最短，提高生产设备的利用率。

5. 成本最小化

在规划设计中，物流设施的数量与运输成本间形成了制约关系，如何将成本最小化是物流设施选址决策中最常见的问题，力求投资最少，生产的经济性最好。与物流设施选址规划有关的成本主要有运输成本与设施成本。

1）运输成本。运输成本取决于运输数量、运输距离与运输单价。运输数量如没有达到运输批量，就不能形成规模经济，从而影响总的运输成本。当物流设施的位置设计合理时，总的运输距离较小，运输成本会下降。而运输单价取决于运输方式与运输批量，与物流设施和消费者所在地的交通运输条件有着直接关系。

2）设施成本。与设施相关的成本包括固定成本、存储成本与搬运成本。固定成本是指不随设施的经营活动水平而改变的成本，如建造成本、税金、租金、监管费和折旧费。设施建造成本与土地成本有关，取得土地使用权的费用与物流设施选择的地点直接相关，即使采用租赁经营方式，土地成本也会在租金中体现出来。

存储成本是指随着货物数量变化而改变的成本。也就是说，如果某项成本中保有的库存水平增加或减少，该项成本就可以归为存储成本。典型的存储成本有仓储损耗、某些公共事业费、库存占用的资金费用、库存货物的保险费等。

搬运成本是指随着设施吞吐量变化而改变的成本。典型的搬运成本有存取货物的人工成本费、某些公共事业费、可变的设备搬运成本等。

6. 为职工提供方便、舒适、安全和符合职业卫生条件的环境

为职工提供方便、安全、舒适的作业环境，为提高生产效率和保证职工身心健康创造条件。

这些目标实际上不可能都达到最佳，有时甚至相互矛盾，因此要用恰当的指标对每一个方案进行综合评价，达到总体目标的最优化。

3.1.2 设施选址的原则

为了达到上述目标，设施选址应遵循如下几项原则。

1. 减少或消除不必要的作业

搬运质量管理贯穿于整个生产的全部过程，减少或消除不必要的作业是提高企业作业效率和减少消耗的方法之一。减少或消除不必要的作业，不仅在生产中要实施，在生产前和生产后也要实施。通过实施搬运系统调查和分析，选择最优搬运方案，从而在时间上缩短生产周期，在空间上减少占用量，在物料上减少停留、搬运和库存，进一步保证投入资金最少、生产成本最低。产品搬运距离的大小，不仅反映搬运费用的高低，也反映物流流动的顺畅程度，因此，应按搬运距离最小原则选择最佳方案。

2. 以流动的观点作为设施规划的出发点

以流动的观点作为设施规划的出发点，并贯穿在规划设计的始终，因此企业的有效运行依赖于人流、物流、信息流的合理化。良好的设施布局应使制品在生产过程中流动顺畅，消除无谓停滞，力求生产流程连续化。

3. 运用系统的概念

运用系统的概念、系统分析的方法求得系统的整体优化。同时也要注意把定量分析、定性分析和个人经验结合起来。在进行设施规划布局前，应考虑各种因素变化可能带来的布局变更，以便于以后的扩展和调整。无论是生产区域还是存储区的空间安排，都要力求充分有效地利用空间。设计时应将影响设施布局的所有因素都考虑进去，以达到优化的方案。

4. 重视人的因素

工作地的设计，实际上是人机环境的综合设计，要创造一个良好、舒适的工作环境。在进行物流设施的规划时，要充分考虑相邻的道路交通、站点设置、港口和机构的位置等因素，并要重视色彩、照明、温度、湿度、噪声等因素对人工作效率的影响。形成内外一体高效便捷的物流通道，应考虑作业人员的安全感、便利度、舒适感，这一点至关重要、对于服务业，几乎无一例外都需要遵循这条原则，如银行储蓄所、邮电局、电影院、医院、学校、零售业的所有商店等。许多制造企业选择把工厂建立在消费市场附近，以降低运费和损耗。

5. 宏观和微观的相辅相成

设施规划设计是从宏观到微观，又从微观到宏观的反复迭代、并行设计的过程。例如要先进行总体布置，再进行详细布置，而详细布置方案又要反馈到总体布置方案中去评价，再加以修正，不断进行反复迭代和并行设计。企业选址是一项具有战略性的经营管理活动，因此要有战略意识。选址工作要考虑企业生产力的合理布局以及市场的开拓，从而有利于获得新技术新思想。同时，在当前世界经济越来越趋于一体化的时代背景下，还要考虑如何有利于参与国际间的竞争。

3.2 设施选址的影响因素

企业在进行设施选址时，应首先了解企业的网络布局，具体分析本企业的产品特点、资源需求和市场，慎重考虑和选择生产基地，在科学合理的原则下开展设施选址的工作。设施选址需要考虑很多因素，这些因素可以分为经济因素和非经济因素。

3.2.1 经济因素

经济因素是指市场条件、劳动力条件、原材料供应情况、当地社会环境和交通运输状况等影响设施建设与运行成本的因素。

1. 市场条件

企业的竞争策略会对设施的位置决定产生很大的影响。强调生产成本的企业，趋向于在成本最低的位置布局生产设施，即使这样做会使生产工厂远离市场。对于强调对客户需求快速反应的企业，则趋向于在市场附近布局生产设施。例如便利店力求接近消费者，因此，在一定区域范围内往往开有很多家便利店。对于零售商型配送中心，其主要客户是超市和零售店，这些客户大部分分布在人口密集的地方或大城市，配送中心为了提高服务水准及降低配送成本，多建在城市边缘接近客户分布的地区。

2. 劳动力条件

不同产品和生产方法所需的劳动量和质量存在差异。技术密集型产业对劳动力质量有更高的要求，而劳动密集型产业对劳动力数量的需求更大。因此，在设施选址时要充分考虑劳动力供应状况这一重要因素。另外，不同地区的工资水平不同，相应的人工成本也不同，劳动力的成本因素也会对选址产生影响。

在仓储和配送业务中，最重要的资源需求是人力资源。由于一般物流业务仍属于劳动密集型经营类型，配送中心内必须有足够的人力资源。因此，在确定配送中心的位置时，必须考虑劳动力来源、技术水平、工作习惯和工资水平等因素。人力资源的评估条件包括附近的人口、交通条件和工资水平。如果物流地点附近人口不多，交通不便，则不容易招募基层经营者。如果附近地区的工资水平过高，则会影响基层经营者招聘的成本。因此，有必要调查该地区的人力、交通和工资水平。

3. 原材料供应

设施选址距离原材料产地的远近主要考虑三个因素：必要性、易损性及运输成本。某些行业，如采矿、林业、渔业等，必须选择在原材料供应地附近。对于从事易腐物品加工，如奶产品加工、罐头生产等行业的公司，在选址时必须考虑原材料的易损性，尽量选择在供应地附近。对于一些能源消耗大的行业，如火力发电厂、有色金属冶炼、石油化工等行业，能源的消耗在生产成本中的比重可占到35%~60%，能源的供应对于重型机器制造、水泥、玻璃、造纸等行业的影响是举足轻重的。对于这一类企业来说，能源供应的成本因素在选址时将占据重要地位。对于在加工过程中使用原材料数量较多的行业，如钢铁行业，运输成本非常重要，适合选择在离原材料供应地较近的地方。

目前工业对原料供应地的依赖性呈缩小趋势，主要原因包括技术进步使得单位原料消耗下降，单位原料用量、运费减少，工业专业化的发展使加工工业向成品消费地转移，运输条件的改善降低了单位产品运费等。尽管如此，采掘业、原料用量大或原料可运性小的加工工业仍以接近原料供应地为佳。

4. 社会环境

一些地区鼓励企业在当地投资建设，当地的工业区和各经济开发区以低价出租或出售土地、工厂和仓库，并提供税收和资金优惠政策。同时，这些地区的基础设施往往较好，交通、通讯、能源和水电资源都非常方便。专门的高新技术开发区、服装纺织工业区等专业工业区也有利于行业信息的快速传播，形成共同进步和发展的格局。

不同设施的选址方案在征地、补偿、拆迁和平整方面所花费的成本有所不同。一般而言，应尽量避免选择农业用地，而要以不适合耕种的土地作为设施的地址。同样，不同方案的建筑成本也有所不同。

5. 交通和物流设施成本

交通条件是影响物流配送成本和效率的重要因素之一，运输的不便将直接影响车辆的运送。因此，有必要考虑对外交通的运输路线以及未来交通和邻近地区的发展。地址应靠近重要的运输路线，以方便配送和运输作业。评估交通便利性的条件包括：高速公路、国家高速公路、铁路、港口和交通限制等因素。

当物流网络中的设施数量、设施布局和生产能力配置发生变化时，物流和设施成本也会随之变化。进行物流网络设计时，企业必须考虑的物流和设施成本包括：库存成本、运输成本和设施成本。

当设施数目增加时，库存及由此引起的库存成本就会增加。为减少库存，企业经常会尽量合并设施以减少设施数量，从而降低库存成本。对于大多数企业来说，运输成本在总成本中占有较大的比重。运输距离的远近、运输环节的多少、运输手段的不同，都会对运输成本构成直接的影响。因此，可以通过合理选址，减少运输距离和运输环节中装卸次数，来实现运输成本的降低。

3.2.2 非经济因素

非经济因素是指不能用货币价值衡量的影响因素，包含当地的政策和自然条件。

1. 政策因素

政治因素包括政治形势是否稳定、法律制度是否完善、税收负担是否合理。特别是在国外进行设施选址时，必须考虑到政治因素。

政局稳定是经济发展的先决条件。在一个动荡不安的国家投资建立物流网络是风险很大的决定。一些国家或地区的自然环境非常适合设点，但如果贸易法规经常变动，投资者的权益得不到保障，则不适合进行物流网络的建设。要了解当地法规，包括环境保护法规，在法规不允许的情况下，不能建立污染环境的工厂。如果税收负担不合理或过重，企业的财务负担过重，也不宜设点。相反，有的国家为了吸引外资而制定了优惠地价、减税免税等政策，不仅维护外国投资者合法权益，也为当地投资建设创造了有利的条件。

政策和环境条件是评估物流选址的关键点之一，尤其是物流获取土地的难度。如果得到政府政策的支持，将更有利于物流运营商的发展。政策环境条件包括企业优惠措施（土地供应、减税），城市规划（土地开发、道路建设计划）和区域产业政策。除了提供物流用地外，还有减税和免税等政策，这有助于降低物流从业者的运营成本。

2. 自然条件

一些行业由于受地理条件的限制，选址地要求土地表面平坦，便于平整施工。如果选择了带有坡度的土地，则可以利用该坡度建造排水系统。在地震断层带、沉陷带、地下淤泥或流沙、矿坑和有地下工程的区域，需要仔细慎重选择场地，要考虑土壤结构是否能承受设施的全负荷。气候对于产品和作业人员均会产生影响，过冷或过热会增加温度调节的费用，潮湿和多雨的地区不适合棉纺、木制品和纸张加工。在评估物流用地时，还必须考虑自然条件，提前了解当地自然环境可以降低施工风险。例如，降雨、台风、地震等自然现象，以及湿度、盐度等因素都会影响货物的储存质量，尤其是服装或3C产品对湿度和盐度非常敏感。

小知识：高标仓选址需要考虑的8个因素

知识点1：什么是高标仓

高标仓，即指"高标准仓储物流设备"。高标仓是"高大上"的现代化仓库，"高"是指建筑高度，例如单层楼层的净高度达到8米以上。"大"指的是面积大，仓库建筑总面积可以达到8000平方米以上。"上"是指配套设施都上齐，包括消防系统、安全监控系统和具备实施仓库自动化的硬件等。

目前在我国，电商零售企业、高端制造业和第三方物流是高标仓的主要租户，年平均增速在5~20个百分点，如表3-1所示。

表3-1 高标仓的主要租户及租赁占比

高标仓租户	租赁占比	年平均增速	增速贡献
电商	30%	20%	6.00%
传统零售商	15%	5%	0.75%
高端制造业	25%	10%	2.50%
第三方物流	30%	10%	3.00%
合计	100%		12.25%

企业选择高标仓的根本原因是成本和效率。我国的物流成本占GDP比重虽然已经下降了一些，但是与日本和欧美发达国家相比仍然有一定的差距。除去经济结构和运输成本的因素，仓储成本和效率问题，也是导致物流总成本居高不下的原因之一。

由于中国现代化仓储业起步较晚，大部分仓储设施都是在1990年以前建设的，仓库类型以传统仓库为主，占全国仓库总面积80%以上，货运吞吐量的90%以上。传统仓库很难适应现代化物流操作的要求，主要问题在于传统仓库面积一般小于4000平方米，楼层净高不足7米，没有配备标准的地面漆和采光顶，仓库功能难以拓展，建筑结构不合理，可存储品类有限和土地权属不清晰等。为了进一步提高仓库自动化水平，持续降低成本，提高整体物流效率，许多企业都在考虑选择高标仓。

我国目前高标仓面积约有4900万平方米，整体处于供不应求的状态。在需求方面，随着电商零售的高速发展，以阿里巴巴、京东和苏宁为代表的电商巨头，纷纷打造自己的物流体系，通过自建物流来提高配送响应速度和服务质量，为用户提供更好的消费体验。

更多的电商企业选择了轻资产运营的方式，把业务外包给第三方物流公司，从而间接拉动了高标仓的市场需求。一些高端制造业，比如汽车业也对高标仓青睐有加，可以实施VMI和JIT（Just in Time）/JIS（Just in Sequence）等入厂物流操作，提高库存周转率。在供给方面，由于仓储用地供应紧张，再加上传统仓库改造难度大、成本高，使得高标仓成了稀缺资源。2020年，我国高标仓需求预估达到1.4~2.1亿平方米，而供给量只有5600~6600万平方米，未来，国内高标仓市场会保持供不应求的局面。

知识点2：选址高标仓8个关键因素

即使高标仓市场呈现出巨大的需求缺口，企业在选址的时候也要慎重考虑，因为仓库是重资产运营，不能因为资源稀缺就盲目投资。在选址高标仓的时候，我们至少要考虑以下8个关键因素。

1. 地理位置

高标仓是物流地产，关于地产有一句经典名言，那就是"Location、Location、Location"，也就是"地段、地段，还是地段"。这句华尔街名言被香港首富李嘉诚引用后广为传播。选择最佳地理位置非常重要，产品存储在客户附近的区域，可以满足及时交付的要求。汽车整车厂要求原料供应商在厂区周围设立仓库，就是为了实现整车厂JIT（Just in Time）或JIS（Just in Sequence）的入厂物流要求。

2. 存储要求

对于危险材料、易燃产品和食品，许多企业要求仓库具有严格的储存和消防设施条件。仓库是否能够满足产品独特储存需求？如何正确处理需要化学泡沫灭火机理的产品？仓库周围是否有溪流和池塘？在选址之前提出这些问题，有助于防范风险，或是在灾害发生时降低损失。

3. 租金成本

在选择仓库的位置时，成本仍是一个关键标准。上海市的仓储用地供应日益稀缺，高标仓平均出租率在92%以上，而地价和租金却在逐年上涨。由于供需极不平衡，导致上海高标仓日租金水平在1.48元/平方米，这对于租户来说是一笔巨大的成本开支。在上海周边的苏州、太仓和嘉兴等地区，相隔不足百公里，但是日租金水平只有上海的68%~80%，因此成为需求外溢后的备选方案。

4. 劳动力可用性、劳动技能和成本

劳动力可用性、技能和成本与仓库所在地人口结构直接相关。人口红利的优势不那么突出的地区，劳动力成为选择高标仓的重要因素。较高的劳动力可用性，可以为企业提供充足的人力资源，城市拥有的高校数量越多，就越能够提供大量的高素质人才。物流已经不再是过去简单的手提肩扛操作，实施高标仓现代化和自动化操作，需要大量的专业人员。例如，南京拥有985高校2所，211高校8所，重点大学数量仅次于北京和上海，可以为当地企业提供源源不断的高水平员工。

5. 道路、公路和交通流量

高标仓选址需要紧邻城市的绕城高速，可以快速通达出入城市的各条高速公路及主要商圈。具体需要仔细考虑以下5点。

1) 高速公路出入口的可接入性。
2) 高速公路互连情况。
3) 平均交通速度和流量。
4) 交通高峰时段。
5) 道路安全和条件。

拥挤的高速公路和地面道路以及信号系统不良等因素将增加燃料消耗、事故率和运输车辆拥堵时间。

6. 靠近机场、火车站和港口

多式联运可以为货主提供更多的运输方案，在运输成本和时效性之间找到完美平衡点。例如，南京是我国交通枢纽节点型城市，水陆空交通条件优越，可以利用长江内河运输、禄口机场和铁路的立体化交通优势，为高标仓用户提供多样化的运输方案。

7. 市场与当地环境因素

任何高标仓都应尽可能靠近主要供应商、制造商和客户。这将有助于缩短交货时间，降低运输成本，并提高响应能力。此外，还应考虑当地的环境因素，如天气条件和遭受自然灾害的风险概率。仓库选址是否在城市的低洼区域？建筑物能否抵御台风或地震？仓库必须满足特定的建筑条件，才能够预防各类风险。其他的当地环境因素还包括周围路段拥堵情况和高峰时段。

8. 公共事业可用性及成本

公共事业包括水、电、气和互联网等基础设施。冷藏仓库非常依赖于电力和水，自动化仓库依赖于互联网和通讯服务。在选择仓库的时候，我们不仅要检查公共事业的可用性，还要核查相关成本。

高标仓的选址是仓储项目成功的关键因素，从全球的成功案例来看，优质高效的仓库资源基本都集中在经济发达、交通网络密集、劳动力充沛和产业结构合理的地区。我国43%的高标仓资源集中在长三角区域，这与该地区强大的综合经济实力有着直接的关系。南京是长三角的特大城市，在区域经济发展中扮演着举足轻重的作用，也是该地区的物流重镇。

（资料来源：招商银行研究院. 2019物流仓储行业深度报告-前沿报告库 [EB/OL]. https://wk.askci.com/details/02207a52828440f8b97954fd9b490a29/.）

3.3 设施选址的流程

物流设施的选址是一项重要而复杂的活动，也有一定的规律可循，选址程序分为三个阶段，即准备阶段、地区选择阶段和具体地点选择阶段。物流设施选址的一般程序如图3-1所示。

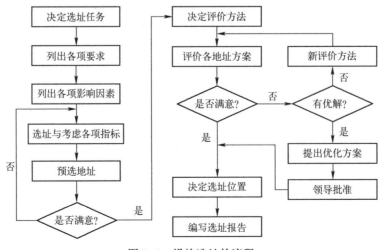

图3-1 设施选址的流程

3.3.1 准备阶段

准备阶段的主要工作是对选址目标提出要求,并提出选址所需要的技术经济指标。这些要求主要包括以下几个方面的内容。

1) 企业生产的产品品种及数量(生产纲领或设施规模)。
2) 要进行的生产、储存、维修、管理等方面的作业。
3) 设施的组成、主要作业单位的概略面积及总平面草图。
4) 计划供应的市场及流通渠道。
5) 需要资源(包括原料、材料、动力、燃料、水等)的估算数量、质量要求与供应渠道。
6) 产生的废物及其估算数量。
7) 概略运输量及运输方式的要求。
8) 需要的职工概略人数及等级要求。
9) 外部协作条件。

例如,某金属加工厂的选址要求如表3-2所示。

表3-2 某金属加工厂的选址要求

序 号	场址的具体要求	序 号	场址的具体要求
1	在离城市中心10公里以内	8	土地平整,土方工程很少
2	靠近国家公路	9	不受洪水淹没的威胁
3	到飞机场不超过30分钟行车时间	10	有满足要求的城市给水干管
4	不得靠近机场低空飞行的路线	11	有满足要求的城市污染系统
5	至少有2000平方米可征用的土地	12	有满足照明、空调、计算机等的电源
6	地耐力能承受4层办公大楼	13	有满足加热要求的煤气管道
7	排水条件良好	14	有垃圾处理设施

3.3.2 地区选择阶段

地区选择阶段的主要工作是调查研究、收集资料,走访行业主管部门和地区规划部门,收集并了解有关行业规划、地区规划对设施布点的要求和政策,报告本设施的生产(服务)性质、建设规模和场址要求,征询选址意见。在可供选择的地区内调查社会、经济、资源、气象、运输、环境等条件,对候选地区做分析比较,提出对地区选择的初步意见。

3.3.3 具体地点选择阶段

在具体地点选择阶段要对地区内若干候选地址进行深入调查和勘测,查阅当地的有关气象、地质、地震、水文等部门调查和研究的历史统计资料,收集供电、通信、给排水、交通运输等资料,研究运输线路以及公用管线的连接问题,收集当地有关建筑施工费用、地方税制、运输费用等各种经济资料,经过研究和比较后提出数个候选厂址。

各阶段都要提出相应的报告,尤其在最后的阶段要有翔实的报告和资料,并附有各种图样,以便领导和管理部门决策。小型物流设施的选址工作可以简化,各阶段可以合并。

3.4 设施选址的评价方法

设施选址以后,要从数个候选地址中决定最优方案,进行科学决策,关键问题在于确定评价指标,选择评价方法,建立相关模型。目前常用的评价方法可分为定量评价方法和定性评价方法,也可以称为成本因素评价方法和非成本因素评价方法。

3.4.1 定量分析方法

定量分析方法一般用可量化的描述成本的数学公式作为目标函数进行优化选址,常以物流过程总费用最小为目标,通过设定一些参数、变量,并对问题作一定的假设,建立一个比实际情况简单的模型,通过求解模型得出方案。比较典型的定量分析方法包括重心法、启发式算法、线性整数规划和盈亏平衡点法等。

1. 重心法

重心法属于静态连续选址模型,一般适用于工厂、车站、仓库或零售/服务设施选址,主要考虑的因素是运输总费用最低。

设有一系列点分别代表生产地和需求地,各自有一定量货物需要以一定的运输费率运向一个位置待定的仓库,或从仓库运出,那么仓库应该位于何处呢?我们以该点的运量乘以到该点的运费费率,再乘以到达该点的距离,求出上述乘积之和(总运输成本)最小的点:

$$\min TC = \sum_{i=1}^{n} V_i R_i d_i \tag{3-1}$$

式中 TC——待选址设施点到 n 个节点的运输总成本;
V_i——待选址设施点到节点 i 的运输总量;
R_i——待选址设施到节点 i 的运输费率;
d_i——待选址设施到节点 i 的距离。

解两个方程,可以得到工厂位置的坐标值。其精确重心的坐标值为:

$$\overline{X} = \frac{\sum_{i=1}^{n} \frac{V_i R_i x_i}{d_i}}{\sum_{i=1}^{n} \frac{V_i R_i}{d_i}} \tag{3-2}$$

$$\overline{Y} = \frac{\sum_{i=1}^{n} \frac{V_i R_i y_i}{d_i}}{\sum_{i=1}^{n} \frac{V_i R_i}{d_i}} \tag{3-3}$$

式中 (x_i, y_i)——已知的供给点和需求点坐标;
$(\overline{X}, \overline{Y})$——待选址设施的坐标。

则距离 d_i 可以由下式得到:

$$d_i = \sqrt{(x-x_i)^2 + (y-y_i)^2} \tag{3-4}$$

$$TC = \sum_{i=1}^{n} W_i R_i d_i = \sum_{i=1}^{n} W_i R_i \sqrt{(x-x_i)^2 + (y-y_i)^2} \tag{3-5}$$

式中 (x_i, y_i)——已知的供给点和需求点坐标；

d_i——待选址设施到已知的供给点或需求点的距离；

W_i——待选址设施到已知的供给点或需求点的运输量；

R_i——待选址设施到已知的供给点或需求点的运输费率。

评价标准：运输总成本最小的选址方案为最优方案。

模型求解：根据函数极值原理，公式（3-5）分别对 x 和 y 求偏导数，并令偏导数为零。求得使 TC 最小的极值点 (x, y)。

$$\begin{cases} x = \dfrac{\sum\limits_{i=1}^{n} \dfrac{W_i R_i x_i}{d_i}}{\sum\limits_{i=1}^{n} \dfrac{W_i R_i}{d_i}} \\ y = \dfrac{\sum\limits_{i=1}^{n} \dfrac{W_i R_i y_i}{d_i}}{\sum\limits_{i=1}^{n} \dfrac{W_i R_i}{d_i}} \end{cases} \quad (3\text{-}6)$$

由于 x 和 y 中含有 d_i，而 d_i 中有未知数 x 和 y，因此，无法一次求得 x、y。因此采用迭代法，从确定的初始值开始，一直到求出 TC 最小为止。

求解步骤：

第一步：确定已知的供给点和需求点的坐标、运输量及线性运输费率。

第二步：忽略距离 d_i，根据重心公式求得待选址设施的初始坐标 (x_0, y_0)。

$$x_0 = \dfrac{\sum\limits_{i=1}^{n} W_i R_i x_i}{\sum\limits_{i=1}^{n} W_i R_i} \quad (3\text{-}7)$$

$$y_0 = \dfrac{\sum\limits_{i=1}^{n} W_i R_i y_i}{\sum\limits_{i=1}^{n} W_i R_i} \quad (3\text{-}8)$$

例 3-1 某物流公司拟建一仓库负责向四个工厂进行物料供应配送，各工厂的具体位置与年物料配送量如表 3-3 所示。设拟建物流公司仓库对各工厂的单位运输成本相等，利用重心法计算确定物流公司的仓库坐标位置。

表 3-3 各工厂的具体位置与年物料配送量表

工厂及其位置坐标	P_1		P_2		P_3		P_4	
	X_1	Y_1	X_2	Y_2	X_3	Y_3	X_4	Y_4
	20	70	60	60	20	20	50	20
年配送量	2000		1200		1000		2500	

解：根据式（3-7）和式（3-8）求解

$X_0 = (20 \times 2000 + 60 \times 1200 + 20 \times 1000 + 50 \times 2500)/(2000 + 1200 + 1000 + 2500) = 38.4$

$Y_0 = (70×2000+60×1200+20×1000+20×2500)/(2000+1200+1000+2500) = 42.1$

2. 启发式算法

如果服务系统要在一定区域建立几个销售点,从费用或总距离最小的角度选择建立销售点的地址,可用启发式算法。

例 3-2 某连锁总公司拟在某市建立两家超市,该市有 A、B、C、D 四个区,各区可能到超市购物的人数权重已知,如表 3-4 所示。求:拟建的两个超市应建立在哪两个区?

表 3-4 各区距离和人数权重

区名	距离				各区人口/千人	人数权重
	A	B	C	D		
A	0	20	30	15	16	1.2
B	20	0	10	12	10	1.4
C	11	16	0	20	20	1.0
D	24	30	12	0	23	1.1

解:将 A 区人口数乘以 A 区人数的权重,再分别乘以 A 区到其余各区的距离。其他各区采用同样方法计算,得到总距离成本,再将各列相加,如表 3-5 所示。

表 3-5 总距离成本

场地	A	B	C	D
A	0	384	576	288
B	280	0	140	168
C	220	320	0	400
D	607	759	303	0
合计	1107	1463	1019	856

由于 D 区所在列总成本 856 最低,所以选 D 区建立一个超市。

A、B、C 各列数字与 D 列对应数字比较,若小于 D 列同行数字,则将其保留,若大于 D 列数字,则将原数字改为 D 列数字,再将同列数字相加,如表 3-6 所示。

表 3-6 总距离成本-新表

场地	A	B	C	D
A	0	288	288	288
B	168	0	140	168
C	220	320	0	400
D	0	0	0	0
合计	388	608	428	856

由于 A 区所在列总成本最低,因此选择在 A 区建另一家超市。

3. 线性整数规划

线性整数规划的一般形式为:

$$\max z = \sum_{j=1}^{n} c_j x_j \quad (3-9)$$

$$\begin{cases} \sum_{j=1}^{n} a_{ij} x_j = b_i (i=1,2,\cdots,m) \\ x_j \geq 0 (j=1,2,\cdots,n) \\ x_j \text{ 为整数(部分或全部)} \end{cases} \quad (3-10)$$

如果所有变量都限制为整数，则称为纯整数规划。如果仅一部分变量限制为整数，则称为混合整数规划。整数规划的一种特殊情形是 0-1 规划，它的变数仅限于 0 或 1，0-1 规划在整数规划中占有重要地位，因为许多实际问题，例如指派问题、选地问题、送货问题，都可归结为此类规划。

假如某公司计划在 m 地点建厂，可供选择的地点有 A_1、A_2……A_m，他们的生产能力分别是 a_1、a_2……a_m（假设生产同一产品）。第 i 个工厂的建设费用为 $f_i(i=1.2\cdots m)$，又有 n 个地点 B_1、B_2……B_n 需要销售这种产品，其销量分别为 b_1、b_2……b_n。从工厂运往销地的单位运费为 Z_{ij}。试决定应在哪些地方建厂，既满足各地需要，又使总建设费用和总运输费用最省。

设：x_{ij} 表示从工厂 i 运往销地 j 的运量$(i=1.2\cdots m, j=1.2\cdots n)$，

又设：$y_i = \begin{cases} 1 & \text{在}A_i\text{建厂} \\ 0 & \text{不在}A_i\text{建厂} \end{cases} (i=1,2,\cdots,m)$

则有模型：

$$\min Z = \sum\sum c_{ij} x_{ij} + \sum_{i=1}^{m} f_i y_i \quad (3-11)$$

$$\begin{cases} \sum_{j=1}^{n} x_{ij} \leq a_i y_i (i=1,2\cdots m) \\ \sum_{i=1}^{m} x_{ij} \geq b_j (j=1,2\cdots,n) \\ x_{ij} \geq 0 \text{ 为整数}, y_i = 0 \text{ 或 } 1(i=1,2\cdots m, j=1,2\cdots n) \end{cases} \quad (3-12)$$

对式（3-11）和式（3-12）进行规划求解，得出结果。

例 3-3 某鞋业公司现有两个工厂 F_1 及 F_2，生产运动鞋供应四个销售点 S_1、S_2、S_3、S_4，由于需求量不断增加，必须另设新厂，可供选择的地点为 F_3 及 F_4，试问选择其中哪个厂址较好。各生产厂以万箱为单位的产品生产费用及各厂至销售点的运输费用如表 3-7 所示。

表 3-7 生产成本与运输费用

从\至	运输费用/万元				年产量/万箱	生产成本/万元
	S_1	S_2	S_3	S_4		
F_1	5	3	2	3	0.7	75
F_2	6.5	5	3.5	1.5	0.55	70
F_3	1.5	0.5	1.8	6.5	1.25	70
F_4	3.8	5	8	7.5	1.25	67
年需求量/万箱	0.4	0.8	0.7	0.6		

解：由表 3-7 得到，产品从 F_1 运到 S_1 的生产运输总费用为 80 万元（生产成本 75 万元加上运输费用 5 万元）。依次类推，可以分别得到各个工厂到各个销售点的单位生产运输总费用，如表 3-8 所示。

表 3-8　各个工厂到各个销售点的费用

从＼至	S_1	S_2	S_3	S_4	年产量/万箱
F_1	80	78	77	78	0.7
F_2	76.5	75	73.5	71.5	0.55
F_3	71.5	70.5	71.8	76.5	1.25
F_4	70.5	72	75	74.5	1.25
年需求量/万箱	0.4	0.8	0.7	0.6	

假如新厂在 F_3 点，用最少元素法得到分配方案，如表 3-9 所示。

表 3-9　F_1、F_2、F_3 生产与运输费用

从＼至	S_1	S_2	S_3	S_4	年产量/万箱
F_1	80	78	77 ⑤(0.65)	78 ⑥(0.05)	0.7
F_2	76.5	75	73.5	71.5 ③(0.05)	0.55
F_3	71.5 ②(0.4)	70.5 ①(0.8)	71.8 ④(0.05)	76.5	1.25
年需求量/万箱	0.4	0.8	0.7	0.6	

注：编号①~⑥是分配顺序号，括号内的数值是各个工厂到各个销售点的运输量（万箱）。

由此得到生产运输总成本费用为：

$Z = 70.5 \times 0.8 + 71.5 \times 0.4 + 71.5 \times 0.55 + 71.8 \times 0.05 + 77 \times 0.65 + 78 \times 0.05 = 181.865$（万元）

假如新厂在 F_4 点，用最少元素法得到分配方案，如表 3-10 所示。

表 3-10　F_1、F_2、F_4 生产与运输费用

从＼至	S_1	S_2	S_3	S_4	年产量/万箱
F_1	80	78	77 ⑥(0.7)	78	0.7
F_2	76.5	75	73.5	71.5 ②(0.55)	0.55
F_3	70.8 ①(0.4)	72 ③(0.8)	75 ⑤(0)	74.5 ④(0.05)	1.25
年需求量/万箱	0.4	0.8	0.7	0.6	

注：编号①~⑥是分配顺序号，括号内的数值是各个工厂到各个销售点的运输量（万箱）。

由此得到生产运输总成本费用为：

$Z = 70.8 \times 0.4 + 71.5 \times 0.55 + 72 \times 0.8 + 74.5 \times 0.05 + 77 \times 0.7 = 182.87$（万元）

比较新厂分别设在 F_3 和 F_4 点的生产运输总成本的大小。由以上计算结果可知，新厂在 F_3 点比设在 F_4 点的生产运输费用低，假设其他因素相同，则选择 F_3 点为新厂选址点较为合适。

4. 盈亏平衡点法

此法通过确定各地产量的临界点，求出成本最低的方案为最优方案。

例 3-4 某企业拟从三个备选场址中选择一个建立一所物流加工基地，成本情况如表 3-11 所示。试选定最佳场所。

表 3-11 场址成本

	a	b	c
固定费用（元）	500000	1500000	2500000
可变费用（元/件）	100	60	40

解：设 Q 为产量，三个场址的总成本分别为：$C_a = 500000 + 100Q$，$C_b = 1500000 + 60Q$，$C_c = 2500000 + 40Q$。

求出 C_a 与 C_b 交点 Q_{ab}；C_b 与 C_c 交点 Q_{bc}；C_a 与 C_c 交点 Q_{ac}。

$Q_{ab} = 25000$ 件，$Q_{bc} = 100000$ 件，$Q_{ac} = 33333$ 件。由图 3-2 可知，当 $Q < Q_{ab} = 250000$ 时，Q 场址成本最低，故选 a。

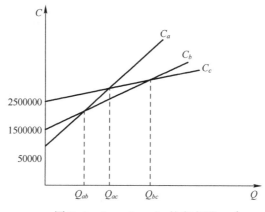

图 3-2 Q_{ab}、Q_{ac}、Q_{bc} 的交点图

3.4.2 定性分析方法

定性分析方法通常也称为"多准则决策""综合因素评价"，是将专家凭经验、专业知识做出的判断以数值形式表示。根据选址时需考虑的各种影响因素（准则），通过综合的定性分析，建立评价指标体系。且常采用因素分析法、加权因素评分法、模糊综合评判法、风险型方法、德尔菲法（Delphi）等评价方法对等各个备选方案进行指标评价，从中选择相对最优方案。

1. 因素分析法

因素分析法（Actor Analysis Method）是一种将各候选方案的成本因素（经济因素）和非成本因素（非经济因素）同时加权并加以比较的方法。列举各种影响因素，将这些因素分为客观因素和主观因素两类，客观因素能用货币来评价，主观因素是定性的，不能用货币表示。

确定主观因素和客观因素的比重,从而反映主观因素与客观因素的相对重要性。确定客观量度值,再确定主观评比值和主观量度值,最后将客观量度值和主观量度值进行加权平均,得到位置量度值,即是选址方案的整体评估值,最大者入选。

因素分析法是将选址所涉及的经济因素和非经济因素按照相对重要程度统一起来。设经济因素和非经济因素重要程度之比为 $M:N$,经济因素的相对重要性为 M,非经济因素的相对重要性为 N,则:$M = \dfrac{M}{M+N}$,$N = \dfrac{N}{M+N}$,且 $M+N=1$。

应用步骤:

1)确定经济因素的重要性因子 T_j。

$$T_j = \dfrac{\dfrac{1}{c_i}}{\sum\limits_{i=1}^{k}\dfrac{1}{c_i}} \tag{3-13}$$

式中,k 为备选场址个数,c_i 为每个备选场址的各种经济因素所反映的货币量之和,即该场址的经济性成本。

此处取成本的倒数进行比较,是为了和非经济因素相统一。因为非经济因素指标越重要,其指标值应越大,而经济因素成本越高,经济性越差。所以用倒数进行比较,计算结果大者经济性好。

2)非经济因素的重要性因子 T_f 的计算分三个步骤。

① 确定单一非经济因素对于不同候选场址的重要性,即就单一因素将被选场址两两比较,令较好的比重值为 1,较差的比重值为 0。将各方案的比重除以所有方案所得比重之和,得到单一因素相对于不同场址的重要性因子 T_d,计算公式为:

$$T_d = \dfrac{W_j}{\sum\limits_{j=1}^{k} W_j} \tag{3-14}$$

式中 T_d——单一因素对于备选场址 j 的重要性因子;

W_j——单一因素所获得比重值;

$\sum\limits_{j=1}^{k} W_j$——单一因素对于各备选场址的总比重之和。

② 确定各个因素的权重比率 G_i。G_i 的确定可以用两两比较的方法,也可以由专家根据经验确定,所有因素的权重比率之和为 1。

③ 将单一因素的重要性因子乘以其权重,将各种因素的乘积相加,得到非经济因素对各个候选场址的重要性因子 T_f:

$$T_f = \sum\limits_{i=i}^{k} G_i \times T_{di} \tag{3-15}$$

式中 T_{di}——非经济因素 i 对备选场址的重要程度;

G_i——非经济因素 i 的权重比率;

k——非经济因素的数目。

3) 场址的重要性指标C_t的计算。

将经济因素的重要性因子和非经济因素的重要性因子按重要程度叠加，得到该场址的重要性指标C_t。

$$C_t = MT_j + NT_f \tag{3-16}$$

式中 M——经济因素的相对重要性；
N——非经济因素的相对重要性；
T_j——经济因素的重要性因子；
T_f——非经济因素的重要性因子。

例3-5 某公司拟建一爆竹加工厂，有三处待选场址A、B、C，重要经济因素成本如表3-12所示，非经济因素主要考虑政策法规、气候因素和安全因素。就政策而言，A地最宽松，B地次之，C地最差；就气候而言，A地、B地相平，C地次之；就安全而言，C地最好，A地最差。据专家评估，三种非经济因素比重为0.5、0.4和0.1。要求用因素分析法确定最佳场址。

表3-12 不同经济因素的生产成本

生产成本 经济因素	成本/万元		
	A	B	C
原材料	300	260	285
劳动力	40	48	52
运输费	22	29	26
其他费用	8	17	12
总成本	370	354	375

解： 1) 确定经济性因素的重要因子T_j。

$$\frac{1}{c_1} = \frac{1}{370} = 2.703 \times 10^{-3}$$

$$\frac{1}{c_2} = \frac{1}{354} = 2.833 \times 10^{-3}$$

$$\frac{1}{c_3} = \frac{1}{375} = 2.667 \times 10^{-3}$$

$$\sum_{i=1}^{3} \frac{1}{c_i} = 8.203 \times 10^{-3}$$

$$T_{jA} = \frac{1}{c_1} \Big/ \sum_{i=1}^{3} \frac{1}{c_i} = \frac{2.703}{8.203} = 0.330$$

同理：

$$T_{jB} = \frac{2.833}{8.203} = 0.345$$

$$T_{jC} = \frac{2.667}{8.203} = 0.325$$

2) 确定非经济性因素的重要因子 T_f。

首先确定单一因素的重要性因子 T_d。

① 政策法规比较如表 3-13 所示。

表 3-13 政策法规比较表

场址	两两比较			比重和	T_d
	A–B	A–C	B–C		
A	1	1		2	2/3
B	0		1	1	1/3
C		0	0	0	0

② 气候因素比较如表 3-14 所示。

表 3-14 气候因素比较表

场址	两两比较			比重和	T_d
	A–B	A–C	B–C		
A	1	1		2	2/4
B	1		1	2	2/4
C		0	0	0	0

③ 安全因素比较如表 3-15 所示。

表 3-15 安全因素比较表

场址	两两比较			比重和	T_d
	A–B	A–C	B–C		
A	0	0		0	0
B	1		0	1	1/3
C		1	1	2	2/3

现将各因素汇总如表 3-16 所示。

表 3-16 各因素比较汇总表

因素 \ 场址	A	B	C	权重比率
政策法规	2/3	1/3	0	0.5
气候因素	2/4	2/4	0	0.4
安全因素	0	1/3	2/3	0.1

3) 计算各场址的非经济因素重要性因子 T_f。

$$T_{fA} = \frac{2}{3} \times 0.5 + \frac{2}{4} \times 0.4 = 0.533$$

$$T_{fB} = \frac{1}{3} \times 0.5 + \frac{2}{4} \times 0.4 + \frac{1}{3} \times 0.1 = 0.4$$

$$T_{fC} = \frac{2}{3} \times 0.1 = 0.067$$

4) 计算总的重要性指标 C_t。

$$C_t = MT_j + NT_f$$

假定经济因素和非经济因素同等重要,则:

$$M = N = 0.5$$
$$C_{tA} = 0.5 \times 0.33 + 0.5 \times 0.533 = 0.4315$$
$$C_{tB} = 0.5 \times 0.345 + 0.5 \times 0.4 = 0.3725$$
$$C_{tC} = 0.5 \times 0.325 + 0.5 \times 0.067 = 0.196$$

根据以上计算,A 场址重要性指标最高,故选 A 场址作为建厂场址。

2. 加权因素评分法

此方法要考虑影响选址的各个因素,确定各因素的重要程度,并给各因素打分来评价。选址步骤如下。

1) 决定一组相关的选址决策因素。
2) 对每一因素赋予一个权重以反映这个因素在所有权重中的重要性。
3) 对所有因素的打分设定一个共同的取值范围,一般是 1~10 或 1~100。
4) 对每一个备择地址,对所有因素按设定范围打分。
5) 用各个因素的得分与相应的权重相乘,并把所有因素的加权值相加,得到每一个备择地址的最终得分。
6) 选择具有最高总得分的地址作为最佳的选址。

例 3-6 某设施的选址有甲、乙、丙、丁四种方案,影响选址的主要因素有位置、面积、运输条件等 7 项,设每个因素在方案中的排队等级为 A、E、I、O、U 五个等级,现规定 A=4 分,E=3 分,I=2 分,O=1 分,U=0 分。各原始数据及评分结果如表 3-17 所示。试确定选址方案。

将某因素的权重乘以备选场址级别分数,得到备选场址基于该因素的评价得分,再求和得到备选场址总分,比较各备选场址总分,选出最佳场址方案。

表 3-17 加权因素评分表

考虑因素	权重	各备选场址评价等级及分数			
		甲	乙	丙	丁
场址位置	9	A (36)	E (27)	I (18)	I (18)
面积和外形	6	A	A	E	U
地势和坡度	2	O	E	E	E
风向、日照	5	E	E	I	I
铁路接轨条件	7	I	E	E	A
施工条件	3	I	O	E	A
同城市规划关系	10	A	E	E	I
合计	—	137	126	105	94

3. 德尔菲法

德尔菲法又称专家调查法，常用于预测工作，也可用于对设施选址进行定性分析，与其他专家法的区别在于：用"背对背"的判断代替"面对面"的会议，即采用函询的方式，依靠调查机构反复征求每个专家的意见，经过客观分析和多次征询，使各种不同意见逐步趋向一致。

德尔菲法具体实施步骤如下。

1) 组成专家小组。按照实施选址所需要的知识范围确定专家，人数一般不超过20人。
2) 向所有专家提出输送选址的相关问题及要求，并附上各选址方案的所有背景材料，同时让专家提出所需材料清单。
3) 汇总各个专家的意见，进行对比，并将材料反馈给各专家，专家根据反馈材料修改自己的意见和判断。

3.5 案例——尤斯摩尔洗涤用品公司仓库选址

尤斯摩尔洗涤用品公司的产品是系列清洁剂，主要供工业企业和公共机构使用。公司产品系列包括200多类，将近800种产品。包装规模不一，从小到18磅的箱子到重达550磅的金属桶。

公司的销售遍布全美。客户的一般购买量都少于10000磅，即属于零担货量。某些客户会整车批量购买。零担货物都通过仓库转运，每年的零担货物销售量高达1.5亿磅；大宗货物由工厂直接供货，每年的销售量为7500万磅。每年收入约1.6亿美元。

市场销售以直销为主，销售佣金方式灵活。销售人员将自己看作独立的中间商，在公司内部具有很大自治权。这个市场销售战略是成功的，使得该公司是分散化经营的母公司内盈利最多的分公司之一。

除了高额利润外，公司的管理层还关心系列产品的生产和配送成本，以保持企业的竞争力。目前，随着需求的增长和模式的变化，现有四个工厂的生产能力逐渐紧张。此外，分拨成本发生了变化，公司已有12年未对分拨网络进行研究，这一切都体现了需要重新适当布局仓库位置的问题。下文概括介绍了管理层所面临的问题。请你提出一个改进后的分拨网络规划，使其既满足规定的客户服务政策的要求，又使网络总的生产配送成本最小。

3.5.1 案例背景

尤斯摩尔洗涤用品公司拥有庞大的物流网络：它的分销网络包括四个可生产所有系列产品的生产厂，这些工厂分别位于肯塔基州的卡温顿、纽约州的纽约市、得克萨斯州的阿灵顿和加利福尼亚州的长滩市。当前，这些工厂分别生产595102、391876、249662和241386担（1担=100磅）的产品以供应小批量购买的客户。生产出来的成品或是从工厂运到分销网络中的基层仓库或是直接运往工厂当地的客户。

18个公共仓库和4个工厂的存储产品如表3-18所示。这些仓库很分散，大多数客户都在某个存贮点一天运到的范围之内，也就是约300英里内。工厂除了像仓库那样提供服务外，也以整车批量为仓库补货。每个仓库都会对客户订单进行处理，并提供零担运输服务。除此之外，公司还在考虑是否在伊利诺伊州的芝加哥和田纳西州的孟菲斯建立工厂，以及在

表3-19中所示的地点增建仓库。

表3-18　现有工厂和公共仓库的位置

序号	地　　名	序号	地　　名	序号	地　　名
1	卡温顿，肯塔基州①	9	马里弗兰，俄亥俄州	17	密尔沃基，威斯康星州
2	纽约，纽约州①	10	达文波特，艾奥瓦州	18	奥兰多，佛罗里达州
3	阿灵顿，得克萨斯州①	11	底特律，密歇根州	19	匹兹堡，宾夕法尼亚州
4	长滩，加利福尼亚州①	12	大急流镇，密歇根州	20	波特兰，俄勒冈州
5	亚特兰大，佐治亚州①	13	格林斯伯勒，北卡罗来纳州	21	西萨克拉门托，加利福尼亚州
6	波士顿，马萨诸塞州	14	堪萨斯城，堪萨斯州	22	西切斯特，宾夕法尼亚州
7	布法罗，纽约州	15	马尔的摩，马里兰州		
8	芝加哥，伊利诺伊州	16	孟菲斯，田纳西州		

① 指位于额外工厂处的仓库。

表3-19　公共仓库可能的选址点

序号	地　　名	序号	地　　名	序号	地　　名
1	阿尔伯克基，新墨西哥州	10	菲尼克斯，亚利桑那州	19	路易斯维尔，肯塔基州
2	比灵斯，蒙大拿州	11	里士满，弗吉尼亚州	20	哥伦布，俄亥俄州
3	丹佛，科罗拉多州	12	圣路易斯，密苏里州	21	纽约，纽约州
4	埃尔帕索，得克萨斯州	13	盐湖城，犹他州	22	哈特福德，康涅狄格州
5	坎布希尔，宾夕法尼亚州	14	圣安东尼奥，得克萨斯州	23	迈阿密，佛罗里达州
6	休斯敦，得克萨斯州	15	西雅图，华盛顿州	24	莫拜尔，路易斯安那州
7	拉斯维加斯，内华达州	16	斯波坎，华盛顿州	25	孟菲斯，田纳西州
8	明尼阿波利斯，明尼苏达州	17	旧金山，加利福尼亚州	26	芝加哥，伊利诺伊州
9	新奥尔良，路易斯安那州	18	印第安纳波利斯，印第安纳州		

3.5.2　案例内容

销售人员的建议、优惠的仓储费率、随时可得的优质仓储服务、与需求中心的接近程度和仓库是否有助于扩大分拨网络等因素是决定潜在仓库位置的基础条件。在现有的和未来的仓库之中，公司希望能找到一个更好的仓库组合。而且，为满足未来的需求，还需要考虑在现有地点或新地点扩建工厂。

具体来讲，需要解决下列问题。
- 现在和将来应该经营多少个仓库？
- 这些仓库应该建在哪里？
- 应该将哪些客户及相关需求分派给各仓库和工厂？
- 每个工厂应该供应哪些仓库？
- 是否应该扩大生产能力？如果应该，那么应该在何时、何地扩大生产能力，扩大多少？
- 应该提供何种水平的客户服务？

1. 销售数据

洗涤剂和洗衣粉的制造工艺并不复杂,很容易模仿,因此市场上竞争激烈。在这种情况下,客户服务显得尤其重要,将直接受仓库选址的影响。良好分拨服务的总价值是无法用货币来衡量的,因为它取决于客户对服务的态度,以及有可能因此而进行的购买行为。公司一般认为服务质量应该保持高水平,这样才不会危及销售。服务的"高"水平可以表示为在24~48小时或者更短时间内送货,这样客户距仓库一般应在300到600英里之间。

每年经由仓库网络销售的产品约为1.47亿磅,年收入略高于一亿美元。市场的分布与人口的分布相类似,平均利润率为20%。公司的客户超过7万个,为了便于处理,将全部客户按邮政编码划分为191个需求中心,将同一组地区的需求聚集到邮政编码的地区中心,就好像把各地的需求集中到该中心一样。

公司的五年规划列出了全美销量的增长幅度。由于人口和商业迁移的模式在各地均不同,竞争条件和促销力度不同,所以各地市场的增长情况也不相同。与现在的销售水平相比,预计各销售区域的变化如表3-20所示。

表3-20 预计各销售区域的变化

地 区 号	销 售 区	5年增长系数
1	东北部地区	1.30
2	东南部地区	1.45
3	中西部地区	1.25
4	西北部地区	1.20
5	西南部地区	1.15
6	西部地区	1.35

2. 生产成本和生产能力

现有工厂的生产可变成本随工厂位置的变化而不同。这些不同是由于劳动力成本、原材料购买量、工厂和主要原材料供应商的接近程度所导致的入库运输成本差异而造成的。这些成本列举如表3-21所示。

表3-21 现有工厂的生产成本

工 厂	不同的生产成本/美元
卡温顿,肯塔基州	21.0
纽约,纽约州	19.9
阿灵顿,得克萨斯州	21.6
长滩,加利福尼亚州	21.1

据估计,位于芝加哥未来工厂的生产可变成本是每担21美元,而位于孟菲斯工厂的生产可变成本是每担20.6美元。现有工厂扩建后的可变成本不变。但是新建工厂或扩建工厂至少需要投资400万美元。这样将导致在可预见的未来,工厂的年产出(如果是增建的工厂,则为产出增加量)将高达100万担。按照当前的分销方式,现有的工厂是以下列速率(与吞吐量相比)进行生产的,如表3-22所示。

表 3-22 现有工厂的生产速率

工 厂	现有生产能力	现 有 产 量	生产能力利用率
卡温顿，肯塔基州	620000	595102	96%
纽约，纽约州	430000	390876	91%
阿灵顿，得克萨斯州	300000	249662	83%
长滩，加利福尼亚州	280000	241386	86%
合计	1630000	1477026	91%

3. 仓储费用和仓储能力

仓储费用可分为存储费用、搬运费用和附加费用。存储费用按所持有的平均库存以美元/担/月为单位进行计算。只要产品进出仓库就会出现搬运费用，按美元/担计算。附加费用是一系列服务（如准备提单、本地配送和报告库存状态）的费用。四个工厂的这部分费用应合理估计，并将其作为生产运作的合理组成部分，如表 3-23 所示。

表 3-23 库存点的费率和有关订单规模的信息

仓库编号	储存成本/（美元/美元）	搬运成本/（美元/担）	仓库订单/（美元/订单）	仓库订单规模/（担/订单）	客户订单成本/（美元/订单）	订单规模/（担/订单）	配送费率/（美元/担）
1	0.0672	0.46	18	400	1.79	9.05	1.90
2	0.0567	0.54	18	400	1.74	10.92	3.89
3	0.0755	0.38	18	400	2.71	11.59	2.02
4	0.0735	0.59	18	400	1.74	11.30	4.31
5	0.0946	0.50	18	401	0.83	9.31	1.89
6	0.1802	0.75	18	405	3.21	9.00	4.70
7	0.0946	0.74	18	405	1.23	8.37	1.55
8	0.2072	1.14	18	405	1.83	13.46	1.79
9	0.1802	1.62	18	409	4.83	9.69	4.92
10	0.1442	1.14	18	410	2.74	8.28	2.23
11	0.0946	1.04	18	409	3.93	10.20	1.81
12	0.1982	1.06	18	410	3.18	15.00	1.00
13	0.0766	1.06	18	400	1.08	9.07	1.63
14	0.1262	1.22	18	423	1.56	11.72	1.17
15	0.1126	0.82	18	426	1.20	9.35	1.73
16	0.0991	0.64	18	433	1.78	8.70	0.50
17	0.1577	0.71	18	394	5.33	8.07	1.46
18	0.1307	0.79	18	398	0.91	7.66	2.29
19	0.1487	1.15	18	399	2.08	9.39	2.20
20	0.2253	0.80	18	490	1.10	7.31	1.49
21	0.1370	1.39	18	655	1.70	9.31	2.72
22	0.0991	0.83	18	400	2.46	10.14	4.17
23	0.1260	0.59	18	110	2.33	5.07	2.37

(续)

仓库编号	储存成本/(美元/美元)	搬运成本/(美元/担)	仓库订单/(美元/订单)	仓库订单规模/(担/订单)	客户订单成本/(美元/订单)	订单规模/(担/订单)	配送费率/(美元/担)
24	0.0631	0.45	18	134	1.88	6.80	1.36
25	0.0946	1.68	18	341	2.58	6.83	2.21
26	0.1216	0.88	18	149	1.83	14.32	0.80
27	0.0721	0.55	18	198	1.83	7.38	3.88
28	0.1532	0.80	18	420	1.58	9.70	2.14
29	0.1172	1.04	18	287	0.78	7.52	1.51
30	0.1080	1.46	18	408	5.33	11.46	1.70
31	0.1487	0.95	18	340	1.36	10.48	1.63
32	0.1396	0.69	18	333	1.50	6.67	1.66
33	0.1126	0.64	18	277	2.33	11.98	1.54
34	0.1712	1.35	18	398	0.93	10.13	1.84
35	0.1261	0.79	18	434	2.08	6.81	1.58
36	0.1352	0.80	18	232	0.88	7.67	1.93
37	0.2704	0.96	18	423	0.89	8.57	3.08
38	0.2250	0.80	18	425	2.88	7.61	1.43
39	0.1487	1.49	18	400	1.46	7.55	6.44
40	0.2073	1.14	18	400	2.75	10.13	2.83
41	0.2073	1.14	18	400	2.75	10.13	2.83
42	0.1802	1.62	18	400	2.75	10.13	4.81
43	0.2613	1.39	18	400	2.71	11.29	3.89
44	0.1396	0.71	18	400	2.04	9.37	3.89
45	0.1036	0.55	18	400	2.75	10.13	1.74
46	0.0946	0.55	18	400	1.74	9.31	1.89
47	0.0682	0.64	18	400	1.78	8.70	0.50
48	0.0682	1.22	18	400	1.79	9.05	1.55

与仓储相关的还有补货成本。这些成本用于准备正常补货的文书工作、将货物发往仓库等。库存订货成本和客户订货成本则可以根据每个订单的平均成本乘以仓库的平均订单量来计算。

公共仓库没有实际仓储能力的限制。尤斯摩尔的仓储空间的需求只是公共仓库总仓储能力中很小的一部分。另一方面，开设新仓库的最低预期吞吐量是每年至少吞吐10400担或每两周一次以整车量补货。四个现有工厂存储能力有限，以吞吐量表示的存储能力限制分别是：肯塔基州的卡温顿45万担，纽约州的纽约市38万担，得克萨斯州的阿灵顿14万担，加利福尼亚州的长滩市18万担。

4. 运输成本

对尤斯摩尔公司而言，三类运输成本非常重要：入库运输成本、出库运输成本和当地配送成本。仓库的入库运输成本取决于货运量和工厂与仓库的距离。从工厂出发，不同距离内卡车承运人整车运输费率的抽样结果表明，工厂与仓库之间的运输费率可以近似地用线性函数合理表示。即整车运输费率为：

$$\text{P-W 费率(美元/担)} = 0.92 + 0.0034 \times d(\text{英里})$$

式中 d 是两点间的距离。总的入库运输成本等于 P-W 费率乘以工厂和仓库之间分派的产品流量。注意，我国采用的长度单位与国际单位制是一致的，即千米（又称公里），英里为英制长度单位，多应用于美国，这里出现英里仅为该案例所需。

仓库的出库运输成本取决于客户距仓库的距离。如果客户距仓库约 30 英里以内，则通常适用当地货车费率，按仓库给出了当地货运费率。如果距离大于 30 英里，则可以得出类似入库运输费率的线性函数。

5. 库存成本

库存成本取决于仓库保有的平均库存量和该库存水平所适用的库存费率系数。这些费率系数包括资金成本、个人财产税和保险成本。仓库的平均库存将随仓库需求和控制库存的方法变化而改变。通过绘制每个实际存储点的年平均库存量和年吞吐量，可以得到基于年仓库吞吐量的库存的数学表达式。已知，仓库年库存持有成本约为平均产品价值的 12%（产品的价值是 26 美元/担），则每个仓库的总库存持有成本为：

$$IC_i = 0.12 \times 26 \times 11.3 D_i^{0.58} = 35.3 D_i^{0.58}$$

式中　IC_i——仓库 i 的年库存持有成本（美元）。

　　　　D_i——仓库 i 的年需求吞吐量（担）。

6. 仓库运作成本

仓库运作成本指存储成本和搬运成本的结合，是向仓库分派需求的结果。存储成本是用存储费率乘以估计的仓库内的平均库存量计算得出的。数学可以表示为：

$$SC_i = SR_i \times 26 \times 11.3 D_i^{0.58}$$

式中　SC_i——仓库 i 的年存储成本（美元）。

　　　　SR_i——仓库 i 的存储费率。

　　　　D_i——仓库 i 的年需求吞吐量（担）。

7. 搬运成本

搬运成本是仓库吞吐量的函数，搬运费率乘以吞吐量即得到搬运成本。

8. 订单处理成本

订单处理成本指处理和客户订单相关的文书时产生的成本。每个仓库计算这种成本的方法本质相同，也就是用订单处理费率乘以仓库的年需求量再除以订单规模。

9. 总成本

不同生产分拨结构下的总成本就是所有相关成本的累加。对尤斯摩尔洗涤用品公司而言，这些成本包括生产成本、仓库运作成本（存储成本、搬运成本、库存订单处理成本和客户订单处理成本）、运输成本（入库运输成本、出库运输成本和当地配送成本）和库存持有成本。改变工厂和仓库的数量和位置将导致这些成本因素的平衡发生改变。例如，增加仓库一般将减少运输成本，但会增加库存持有成本，影响客户服务。这类问题的核心是评估成本和客户服务之间的平衡关系。

表 3-24 和表 3-25 给出了现有网络设计中的成本和客户服务因素的总结。尤斯摩尔洗涤用品公司能够将 93% 的需求置于仓库 300 英里以内，这样做的成本是 42112463 美元。

表 3-24 客户服务因素总结

仓库至客户距离/英里	需求的百分比/%	需求的累计百分比/%	总需求/担
0~100	56.4	56.4	833043
101~200	21.3	77.7	314607
201~300	15.7	93.4	231893
301~400	2.1	95.5	31018
401~500	1.5	97.0	22155
501~600	0.5	97.5	7385
601~700	2.0	99.5	29541
701~800	0.5	100.0	7384
801~900	0.0	100.0	0
901~1000	0.0	100.0	0
>1000	0.0	100.0	0
合计	100.0		1477026

表 3-25 现有分拨网络的成本结构

成本类型	成本
仓库运作成本	1578379
订单处理成本	369027
库存持有成本	437290
入库成本	2050367
出库成本	6895880
总成本	42112463

10. 计算机辅助分析

在对现有网络的评估中，使用 LOGWARE 软件中的一个模块 WARELOCA 作为辅助工具。给定工厂、工厂生产能力、客户服务限制和仓库条件的组合，该计算机程序会利用线性规划对需求中心的供给仓库和仓库的供给工厂做出最优安排。在给定仓库时，如果在需求中心的规定服务范围内有多个仓库可以提供服务，那么要选择费用最低的仓库；如果服务距离内没有仓库，则选择距该需求中心最近的仓库。

分派供应需求中心的仓库时只用到线性的可变成本，非线性的存储和资金成本并未使用，而这些成本都包括在某些特别结构的系统成本中。固定成本既没有包含在分派过程中，也没有在总系统成本中显示出来，它们必须附加在系统成本之外。

在 WARELOCA 程序中，只需提供工厂位置、工厂生产能力、仓库位置、客户服务距离、需求和成本水平。程序每运行一次代表对某特定网络结构做一次评估。表 3-26 至表 3-30 给出了 WARELOCA 的运行结果，是对现有分销网络中 4 个工厂和 22 个潜在仓库的分析总结。

表 3-26 WARELOCA 运行结果（近似标杆水平）

22 个潜在仓库位置的分析总结系统成本/美元	
仓库运作成本	1515395
生产成本	30761518
订单处理成本	357343
库存持有成本	447282
入库	2354017
出库	6657464
总成本	42093020

表 3-27 300 英里服务距离的客户服务结构

仓库至客户的距离/英里	占需求的百分比/%	仓库至客户的距离/英里	占需求的百分比/%
0~100	55.9	800~900	0
100~200	18.2	900~1000	0
200~300	19.1	1000~1500	0
300~400	1.8	1500~2000	0
400~500	2.0	2000~2500	0
500~600	2.0	2500~3000	0
600~700	1.0	>3000	0
700~800	0		0
			总计 100

表 3-28 工厂吞吐成本

地 点	吞吐量/担	生产成本
卡温顿，肯塔基州	595102	12497142
纽约，纽约州	390876	7778432
阿灵顿，得克萨斯州	249662	5392699
长滩，加利福尼亚州	241386	5093244
孟菲斯，田纳西州	0	0
芝加哥，伊利诺伊州	0	0
总计	1477026	30761517

表 3-29 仓库吞吐量及成本

仓库序号	地 点	吞吐量/担	仓库总成本/美元	存储成本 搬运成本	资金成本
1	卡温顿，肯塔基州	236640	180853	25845 108854	46153
2	纽约，纽约州	228067	189677	21345 123156	45176
3	阿灵顿，得克萨斯州	104081	86246	18033 39550	28662
4	长滩，加利福尼亚州	106047	109288	17747 62567	28974
5	亚特兰大，佐治亚州	46949	55775	14239 23474	18062

(续)

仓库序号	地点	吞吐量/担	仓库总成本/美元	存储成本	搬运成本	资金成本
6	波士顿，马萨诸塞州	46350	83524	27919	37012	18592
7	布法罗，纽约州	28342	45076	10625	20973	13478
8	芝加哥，伊利诺伊州	87860	170997	44858	100160	25979
9	马里弗兰，俄亥俄州	0	0	0	0	0
10	达文波特，艾奥瓦州	13068	33837	10337	14897	8602
11	底特律，密歇根州	82999	131269	19815	86318	25135
12	大急流镇，密歇根州	17330	45238	1636	18369	10132
13	格林斯伯勒，北卡罗来纳州	31832	57362	9203	33741	14417
14	堪萨斯城，堪萨斯州	73416	137595	24618	39567	23409
15	巴尔的摩，马里兰州	38128	62294	15021	31264	16008
16	孟菲斯，田纳西州	67480	83888	18409	43187	22292
17	密尔沃基，威斯康星州	28121	51015	17632	19965	13417
18	奥兰多，佛罗里达州	44523	71765	19076	35173	17515
19	匹兹堡，宾夕法尼亚州	21553	50534	14249	24785	11499
20	波特兰，俄勒冈州	74280	127242	44250	59424	23568
21	西萨克拉门托，加利福尼亚州	65744	137256	23915	91384	21957
22	西切斯特，宾夕法尼亚州	31216	51936	11772	25909	14255
总计		1477026	1962667	410544	1039729	447282

表 3-30 运输成本

序号	地点	订单处理	入库	出库
1	卡温顿，肯塔基州	57453	0	1166502
2	纽约，纽约州	46603	210610	1135465
3	阿灵顿，得克萨斯州	29020	96128	511022
4	长滩，加利福尼亚州	21101	97942	528650
5	亚特兰大，佐治亚州	6293	112810	212015
6	波士顿，马萨诸塞州	19794	82324	261289
7	布法罗，纽约州	5424	59064	72647
8	芝加哥，伊利诺伊州	15850	168091	276774
9	马里弗兰，俄亥俄州	0	0	0
10	达文波特，艾奥瓦州	4898	30896	74424
11	底特律，密歇根州	35631	154332	173983
12	大急流镇，密歇根州	4434	34705	46545
13	格林斯伯勒，北卡罗来纳州	5222	71933	129723
14	堪萨斯城，堪萨斯州	12896	196711	381234

(续)

序 号	地 点	订单处理	入 库	出 库
15	马尔的摩,马里兰州	6504	60638	152684
16	孟菲斯,田纳西州	16611	174640	344308
17	密尔沃基,威斯康星州	19857	62954	42548
18	奥兰多,佛罗里达州	7302	174726	236580
19	匹兹堡,宾夕法尼亚州	5746	45302	47416
20	波特兰,俄勒冈州	13906	325989	343276
21	萨克拉门托,加利福尼亚州	13821	153335	379111
22	西切斯特,宾夕法尼亚州	8977	40887	141269
	合计	357343	2354017	6657465

3.5.3 案例总结

本案例中对现有网络的评价充分体现了系统分析的思想,从分销网络的整体出发,在设定了客户服务结构标杆的基础上,全面考虑了分销网络中的各项成本:生产成本、存储成本、搬运成本、订单处理成本、运输成本和库存持有成本等。从 WARELOCA 的输出结果看,现有网络基本能够达到设定的客户服务标杆。但是根据尤斯摩尔公司的全美销量的增长幅度规划来看,现有工厂的生产能力是远远不够的,需要考虑建立新的工厂,并重新分派工厂与仓库和需求中心之间的供应关系。

案例中也详细地介绍了各种物流成本的计算方法,如存储费用与库存量、存储的时间有关,搬运成本与仓库的吞吐量有关,运输成本虽然使用了我们熟悉的线性假设,但是以一定的抽样结果为基础的,并计算出了近似的线性函数关系式。在一般课程中介绍相关理论时,只是假定运输费率是线性的,从这里可以了解到实际的物流系统分析时将理论应用于实践的前提和方法。本案例在计算中仍然做了一些简化,如运输费率只给出了一个总体的关系,在实践中,可能需要分不同的地区和不同的运输距离,建立不同的运输费率公式。

以超市为例,进入超市后,只需看标识找到商品所属区域,然后再看标识找到商品所在货架,就可以轻松找到自己需要的商品。同类商品通常在邻近货架,关联商品通常在相邻区域。而且,不同经营地点的同一个品牌超市,其内部布局几乎相同,并不需要购物者熟悉商品就可以快捷准确地完成购物。之所以能够做到这样,正是因为超市内部规划及商品规划做得好,标识醒目且指引清晰。

从理论上理解,如果仓库能够像超市一样做好库区与商品规划,哪怕仓管员不熟悉商品,同样可以进入库区快捷准确地完成拣货。而事实上,仓库为什么会频繁出现差错呢?这与库区规划不清晰、商品摆放规则不明确有关。或者换句话说,如果库区规划清晰、商品摆放规则明确,那么仓管员拣货就不应该出现或较少出现差错。因此,管好仓库,做好事前的库区规划是重要的前提。结合整车配件经营特点及实际工作体验,个人认为库区规划应该考虑定位的前瞻性、布局的功能性、商品的结构性、投入的经济性、作业的功效性等五个原则。

1）定位的前瞻性。事前要对库区规模进行估算，对存货总量要有预期的评估，要有前瞻性地评估每平方米占地面积最大存货量，力求实现存储最大化，而不是实际能存放多少就算多少。有了这个指导思想，就会对仓库存储总量有个心理预期与参照标准。

据了解，大多数汽配流通企业的仓库单位占地面积存货量水平，一般在2000元/平方米左右，水平较高的在3000元/平方米左右，达到4000元/平方米水平的并不多。

例如，一个汽配流通企业有占地面积10000平方米仓库（卸货、装车区域除外），货架及堆码高度为2米，不考虑搭建二层库区，其最大存货量大概是多少呢？若按2000~3000元/平方米计算，该库区存货量约在2000万~3000万元之间，若按4000元/平方米计算则该库区最大存货量可达4000万元，存货量可以提高30%~100%。显然，按4000万元存货量来对库区进行整体设计与规划，该库区的最终使用效率会大幅提高。

一般情况下，库区面积有1/3被用作非仓储功能，也就是说只有2/3可以用作仓储功能，10000平方米库区实际单位占地面积存货量应达到近6000元/平方米。若该仓库内最低高度允许搭建三层货架，那么该仓库最大存货量可达1.2亿，假如按1.5倍库销比计算，该仓库可满足该汽配流通企业实现8000万/月销售规模的需求。当然，在实际操作中，做到库区存储最大化，既取决于定位标准的高低，同时也取决于自身库存数据分析的结果。

2）布局的功能性。在库作业板块的布局，实际上就是对仓库的数量、规模、位置、设施、通道等各要素进行科学规划和整体设计。库区布局可以按照不同的方式或标准进行规划，可以有多种布局，但大致有两种模式。

第一种模式是，整体上划分为货架区、堆货区、周转区、废品区四大功能区，每个功能区再划分为若干个仓库，这种模式的优点在于整体布局统一，规划一步到位，功能区可以集中连片，拣货作业效率较高，但其不足之处是一次性投入较大。

第二种模式是，整体上划分为若干个仓库，每个仓库再划分功能区，这种模式的优点是便于分批次扩展，并且单次投入较少，不足之处是拣货作业效率低、仓库利用率不高，这种模式为大多数汽配流通企业所采用。

第二种模式的库区布局通常可以分为两个层面进行：首先将整个库区划分为若干个仓库，具体分多少个仓库应根据自身确定的划分仓库规则及商品类别区分来确定。建议每个仓库不超过2万个品种，并且按保管货物量人均1200个品种的标准配置仓管人员，这样既可以保证每个仓管人员的工作负荷合理，又可以保证仓储管理质量的要求。其次是划分每个仓库的基本功能区，仓库的基本功能有通道、办公区、工具区、保管区，其中保管区可细分为验收区、整货区、散货区、备货区、打包封装区、复核区、废品区、退货区等。实际上，并不需要细分这些功能，废品可独立设立专库，验收区、备货区、复核区、打包封装等功能区可合并为收/备货区，因为该区并不用于存储，只作周转使用。

因此，一般情况下，各个仓库库区内只需要划分办公区、工具区、收/备货、货架区、堆货区、通道等最基本的功能区域，这些功能区域必须划标识线，其面积视各仓实际情况确定。

3）商品的结构性。一个稍具规模的汽配流通企业，其经营的汽配品种少则五六万多则十几万，而且品牌繁多、型号庞杂、产地不同、形状各异，这些独有的特点决定了汽配仓库规划的复杂性。因此，库区规划并没有统一或者通行的标准，应根据企业自身需求以及库区布局的模式等综合因素来具体确定。

大多数汽配流通企业往往采取多种标准而非单一标准，有的按供应商或产地分类，有的按配件类别分类，有的按配件结构分类，有的按车型分类，有的按配件进出仓频次或数量分类，有的按配件形态或重量分类。

例如，某汽配流通企业主营重、中、轻型卡车整车配件，经营品种近8万个，仓储面积1.6万平方米，共划分4个区23个仓库，每区管理品种近2万个，其分库规则是除一线品牌按厂家设立专库外，总体上遵循"商品体积大小或质量轻重、商品进出仓周转频次及数量、占用面积及存储方式、货架区与堆货区搭配"等原则，按照汽车配件的结构体系以及类别进行商品规划。

4）投入的经济性。因为汽配流通行业成本高、利润微的特点，投入的经济性往往是大多数汽配流通企业考虑的重要因素。库区规划投入主要是工具、货架的投入，工具可以随时需要随时采购，而货架则须考虑货架类型、材料以及库区规整等因素。从大多数汽配流通企业实际情况看，货架主要采用标准货架、钢管货架、角铁货架等三种类型。

标准货架按承重可分为轻型、中型、重型货架，其优点是标准、美观、易拆装、易扩展。钢管货架优点是易搭建、投入最经济、保值，不足是层板不平整。角铁货架使用最为普遍，其优点是规则、平整，不足是制作难度大、投入比钢管货架大，不保值。投入的经济性是相对的，关键要立足自身实际与今后发展，从成本与效益比较的角度考虑，在库区规划之前充分考虑仓库的定位，并合理地做好投入计划及预算方案，尽可能少花钱把事办好。否则，事后发现库区规划不合理，想要调整或改造的难度相当大。

5）作业的功效性。库区布局要考虑在库作业的连续性，减少重复性作业，减少装卸次数，缩短搬运距离，提高分拣配货速度与准确性。

通常，在库区规划的实际操作中尽可能注意做到以下几点。

① 根据商品特性分区分类储存，将特性相近的商品集中存放。

② 将单位体积大、单位质量大的商品存放在堆货区或货架底层，并且靠近出库区和通道。

③ 将周转率高的商品存放在进出库装卸搬运最便捷的位置。

④ 将专库或按车型分类的商品集中存放，便于进行分拣配货作业。

⑤ 将整件包装商品存放在堆货区，散件商品存放在货架区。

同时，在货位管理、批次管理、信息化手段以及作业流程设计到位的情况下，随着仓管人员对库区规划及商品熟悉程度的提升，其拣货、配货的速度与准确性会得到不断提升。

库区规划是仓储管理的基础，仓储管理是商品销售的保障，商品销售是服务水平的体现。当前，与其他行业一样，汽配流通行业竞争越来越激烈，服务已成为汽配流通企业取得竞争优势的重要手段。服务水平的差异，已不仅仅体现为商品销售服务，也体现于内部的基础工作上。因此，做好库区规划，进而做好仓储管理，才能够为商品销售提供有效支持，从而促进企业整体服务水平的改善与提升。

本章小结

设施规划与物流分析能够为企业节省生产成本，进而影响企业的效益。科学合理的设施布局能够使企业在残酷的竞争中保持较好的竞争优势。对于企业来说，设施选址的恰当与否，对生产力布局、城镇建设、企业投资、建设速度及建成后的生产经营状况都具有重大意义。因此，企业应该进行充分的调查研究与勘察，具体分析本企业的自身设施、产品特点、资源需求状况和市场条件，慎重进行设施选址决策。

设施选址的标准已不仅仅局限在成本或运输距离的最小化，许多定性和定量的因素也影响着企业的决策，因此在进行设施选址的综合分析比较时，可根据条件采用定性的、定量的或定性定量相结合的方法。常用的设施选址方法有重心法、启发式算法、线性整数规划和盈亏平衡点法、加权因素评分法、德尔菲分析模型等。

为了实现可持续发展，在设施选址时，除了做市场研究、原料和工艺技术路线选择以及经济评价等工作外，还要做环境影响评价工作。

本章习题

1）设施选址一般分为哪几个阶段？试列出物流配送中心的选址要求。
2）试述设施选址的影响因素有哪些？
3）试述设施选址时采用重心法的利弊。该方法是否将成本考虑在内？
4）某集团筹建一家玩具厂，目前已有三个位置的坐标和产品需求量，如表3-31所示。请用重心法为新厂选择最佳位置。

表3-31 A、B、C工厂的坐标和需求量

工厂位置	坐标（X，Y）	需求量/（件/每年）
A	300，320	4000
B	375，470	6000
C	470，180	3000

5）某企业已在 S_1 和 S_2 设有两个工厂，生产的产品供应给 D_1、D_2、D_3、D_4 四个城市。由于需求量大，该企业决定在 S_3 和 S_4 两地选一个地方建新厂，各厂单位产品的生产费用及各厂至四个城市的运输费用如表3-32所示。试用线性规划法确定最佳场址。

表3-32 各厂的生产费用及各厂至四个城市的运输费用

从 \ 至	运输费用/万元				年产量/台	生产成本/万元
	D_1	D_2	D_3	D_4		
S_1	0.35	0.50	0.65	0.15	5500	7.0
S_2	0.20	0.30	0.50	0.30	7000	7.5
S_3	0.80	0.50	0.38	0.75	12500	6.7
S_4	0.18	0.05	0.15	0.65	12500	7.0
年需求量/台	7000	8000	4000	6000		

6）某石化公司准备在三个地址中选择一个成立一家新的加工中心。公司选出了6个因素作为评估标准，在比较这三个地址的基础上，对每一个因素设定了权重（1~5），如表3-33所示。那么公司应该选择哪个地址？

表 3-33 某石化公司的评估因素及权重

序 号	因 素	设定权重	地址 A	地址 B	地址 C
1	接近港口	5	100	80	80
2	能源来源及成本	3	80	70	100
3	职员工作态度及成本	4	30	60	70
4	距公司总部的距离	2	10	80	60
5	社区期望	2	90	60	80
6	周围的基础设施	3	50	60	90

7）某公司准备建立一家生产家用冰箱的工厂，共有 3 处建厂地点可供选择，各地点每年经营费用如表 3-34 所示。三处场址的非经济因素优劣比较和各因素加权指数如表 3-35 所示。试用因素分析法决定场址应选在何处。

表 3-34 每年经营费用 （单位：万元）

场 址	劳动力费用	运输费用	税收费用	能源费用	其 他
A	200	140	180	220	180
B	240	100	240	300	100
C	290	80	250	240	140

表 3-35 三处场址的非经济因素

场 址	当地受欢迎程度	可利用的劳动力情况	竞争对手	生活条件
A	很好	好	一般	一般
B	较好	很好	较多	好
C	好	一般	少	很好
加权指数	3	2	4	1

第4章　电子商务网站规划

学习目标
- 掌握电子商务网站规划的概念和原则。
- 掌握电子商务网站规划的内容。
- 掌握电子商务网站规划的步骤。
- 能够进行电子商务网站规划，并形成规划设计书。

随着互联网技术应用的成熟，以及物流和支付系统的完善，可以预见，电子商务必将影响着千家万户的生活和经济行为，并日益成为社会商业活动的重要形式。

一个网站的成功与否与建站前的网站规划有着极为重要的关系。在建立网站前，应明确建设网站的目的，确定网站的功能，确定网站规模、投入费用，进行必要的市场分析等。只有详细地规划，才能避免在网站建设中出现各类问题，使网站建设顺利进行。

4.1　网站规划的概念与原则

网站规划是网站建设生命周期开始阶段的重要工作，网站规划的原则是保障网站建设过程科学合理的重要前提。

4.1.1　网站规划的概念

网站规划也叫网站策划，是指在网站建设前对市场进行分析，确定网站的目的和功能，并根据需要对网站建设中的技术、内容、费用、测试、维护等做出规划。网站规划对网站建设起到计划和指导的作用，对网站的内容和维护起到定位作用。

4.1.2　电子商务网站规划的原则

网站是企业向用户和网民提供信息（包括产品和服务）的一种方式，是企业开展电子商务的基础设施和信息平台。当企业建立自己的网站时，网站的规划将贯穿网站建设的整个过程，是网站建设中最重要的环节。

在网站规划中应注意以下几个原则。

1. 目的性和用户需求原则

电子商务网站的设计是展现企业形象、介绍产品和服务、体现企业发展战略的重要途径，因此必须掌握目标市场的情况，了解受众群体的需求范围、受教育的程度、上网情况等，从而做出切实可行的设计计划。要对消费者的需求、市场的状况、企业自身的情况等进行综合分析，牢记以"消费者（Customer）"为中心，而不是以"美术"为中心进行设计规划。

2. 总体设计方案主题鲜明原则

在目的明确的基础上，完成电子商务网站的构思创意，即总体设计方案。对网站的整体风格和特色做出定位，规划网站的组织结构。电子商务网站应针对所服务对象（机构或人）的不同而具有不同的类型。大致可以分为以下几种。

1）基本信息型。主要面向用户、业界人士或者普通浏览者，以介绍企业的基本资料、帮助树立企业形象为主，也可以适当提供行业内的新闻或者知识信息。

2）电子商务型。主要面向供应商、用户或者企业产品（服务）的消费群体，以提供某种直属于企业业务范围的服务或交易为主。这类网站可以说是正处于电子商务化的一个中间阶段，由于行业特色和企业投入的深度广度不同，其电子商务化程度可能处于从比较初级的服务支持、产品列表到比较高级的网上支付的其中某一阶段。

3）多媒体广告型。主要面向用户或者企业产品（服务）的消费群体，以宣传企业的核心品牌形象或者主要产品（服务）为主。这种类型的网站无论从目的上还是实际表现手法上，相对于普通网站而言更像一个平面广告或者电视广告。

3. 企业专业特性介绍的原则

（1）对外介绍专业信息

对外介绍企业自身，最主要的目的是向外界介绍企业的业务范围、性质和实力，从而创造更多的商机。在介绍专业信息时应注意以下几点。

1）应该完整无误地表述企业的业务范围（产品、服务）及主次关系。

2）应该齐备地介绍企业的地址、性质、反馈信息。

3）提供企业的年度报表将有助于浏览者了解企业的经营状况、方针和实力。

4）如果是上市企业，应该提供企业的股票市值或者专门财经网站的链接，这样有助于浏览者了解企业的实力。

（2）对内提供信息服务

对内提供信息服务时，应该注意以下几点。

1）信息的全面性。对所在行业的相关知识、信息的涵盖范围应该全面。

2）信息的专业性。所提供的信息应该是专业的、科学的、有说服力的。

3）信息的时效性。所提供的信息必须是没有失效的，这保证了信息的实用性。

4）信息的独创性。具有原创性、独创性的内容更能得到重视和认可，有助于提升浏览者对企业本身的印象。

4. 网站版式设计原则

网页设计作为一种视觉语言，要讲究编排和布局，虽然网页的设计不等同于平面设计，但它们有许多相近之处，应充分加以利用和借鉴。

版式设计通过文字图形的空间组合，表达出和谐与美。一个优秀的网页设计者应该知道哪一段文字或图像该落于何处，使整个网页生辉。对于多页面站点，页面的编排设计要把页面之间的有机联系反映出来，特别要处理好页面之间和页面内的秩序与内容的关系。为了达到最佳的视觉表现效果，应讲究整体布局的合理性，为浏览者提供流畅的视觉体验。

网页的颜色应用并没有数量的限制，但不能毫无节制地运用多种颜色。一般情况下，先根据总体风格的要求确定一至二种主色调，有 CIS（企业形象识别系统）的企业更应该按照其中的 VI（视觉识别）进行色彩运用。在色彩的运用过程中，还应注意一个问题：由于国家、民族、宗教的不同，以及生活的地理位置、文化习俗的差异等，不同的人群对色彩的好恶程度有着很大的差异。例如，儿童喜欢对比强烈、个性鲜明的纯颜色；生活在草原上的人往往喜欢红色；生活在闹市中的人往往喜欢淡雅的颜色；生活在沙漠地区的人往往喜欢绿色。在设计中要考虑主要读者群的背景和构成。

5. 网页形式与内容相统一原则

要将丰富的意义和多样的形式组织成统一的页面结构，形式语言必须符合页面的内容，体现内容的丰富含义。运用对比与调和、对称与平衡、节奏与韵律以及留白等手段，通过空间、文字、图形之间的相互关系，建立整体的均衡状态，产生和谐的美感。例如，在页面设计中，对称的均衡有时会使页面显得呆板，但如果加入一些富有动感的文字、图案，或采用夸张的手法来表现内容，往往会达到比较好的效果。作为视觉语言中的基本元素，可以使用点、线、面的互相穿插、互相衬托、互相补充构成最佳的页面效果。网页设计中点、线、面的运用并不是孤立的，很多时候需要将它们结合起来，表达出完美的设计意境。

6. 实用性功能服务切合实际需要原则

网站提供的功能服务应该是切合浏览者实际需求的，且是符合企业特点的。例如，网上银行提供免费电子邮件和个人主页空间既不符合浏览者对网上银行网站的需求，也不是银行的优势，这样的功能服务不但会削弱浏览者对网站的整体印象，还会浪费企业的资源投入，有弊无利。

4.2 电子商务网站规划的内容

网站规划既有企业商务战略性的内容，也包含网页设计等战术性的内容，所以网站规划也可分为网站的商务功能规划和网站技术规划两个方面。网站技术规划是网页设计人员（或外包网站建设公司）为了实现企业网站的商务功能规划方案进行的网站内容规划、栏目规划和页面的功能实现等技术方面的设计。

4.2.1 网站商务功能规划

网站商务功能规划是指根据企业电子商务战略的需要，对公司网站的功能、网站规模、投入费用、客户情况、市场分析等进行必要的市场分析。电子商务网站的商业规划一般由企业员工根据企业的经营实际和电子商务战略规划来进行，也可以在专业网站建设公司的帮助下完成。

网站商务功能规划是网站建设、网页设计开发等网站技术规划的前提，对网站的运营和维护起指导作用；网站技术规划是实现公司电子商务战略的途径，也是网站商务功能规划的最终表现。网站规划应该尽可能涵盖网站规划中的各个方面，最后形成《企业网站建设规划书》。电子商务网站规划一般应包含以下5项内容。

（1）确定网站建设目标。
（2）分析网站的用户和目标访问群。
（3）网站域名设计。
（4）网站建设财务预算。

(5) 网站内容规划和栏目规划。

根据以上内容，结合企业实际情况，撰写《企业网站建设规划书》。

小知识：网站设计规范参考

1. 设计风格

1) 依照网站的定位确定整体的设计风格。

2) 主体框架页面、内容页尽量采用方形结构。禁用长距离的斜线及弧线结构，可允许小范围内的斜线及弧线。封面页、专题页可不受此限制。

3) 设计时尽量在方块区边缘、按钮、标题装饰块上体现设计技巧，拐角可以有曲线变化。拐角块最大不得超过18像素。同一页面弧度尽量保持一致。

4) 各主要栏目之间使用一致的布局，包括一致的页面元素、一致的导航形式，使用相同的按钮、相同的顺序。可跟首页有变化。

5) 首页及各级页面必须显示网站的 Logo，并链接到网站首页。

6) 设计要兼容不同显示器分辨率。

7) 网站页面长度建议为1.5屏到2屏。原则上长度不超过3屏，宽度不超过1屏。根据用户习惯和网站需要，国内中文网站综合类、门户类（包括垂直门户）网站可设计超过3屏。

2. 名称约定

（1）网页文件命名的规范

以最少的字母表达最易于理解的含义。

1) 每一个目录中应该包含一个默认的 HTML 文件。

2) 命名路径/文件时，采用小写英文字母、数字、下划线的组合，其中不得包含汉字、空格和特殊字符；目录的命名尽量以英文翻译为优先，避免使用拼音作为目录名称。

3) 使用英文字母加数字命名多个同类型文件，字母和数字之间用下划线"_"分隔。

4) 各路径下开始文件一般命名为"index.*"，静态文件为"index.html"，动态文件为"index.asp""index.aspx""index.php""index.jsp"等。

5) 文件名中用下划线"_"作为连接符。

6) 如页面文件过长需要拆分，建议多个文件按顺序依次命名为"filename01.*""filename02.*"等。

7) 对于内容不同且需要定期更新的同类页面文件或文本，采用"名称缩写+（年份）+月份+日期+序号"形式命名，如"news081508.*"。

（2）图片的命名规范

图片名称分为头尾两部分，用下划线隔开。

1) 头部表示此图片的类型性质。例如：放置在页面顶部的广告、装饰图案等长方形的图片取名为 banner；标志性的图片取名为 logo；在页面上位置不固定并且带有链接的小图片取名为 button；在页面上某一个位置连续出现的链接栏目图片取名为 menu；装饰用的照片取名为 pic；不带链接表示标题的图片取名为 title。

2）尾部表示图片的具体含义，用英文字母表示。例如："banner_sohu.gif""banner_sina.gif""menu_aboutus.gif""title_news.gif""logo_police.gif"等。

（3）其他文件命名规范

JS 文件以表示功能的英语单词为名。例如：广告条的 JS 文件名为"ad.js"。

3. 目录结构规范

目录建立的原则是以最少的层次提供最清晰简便的访问结构。

1）目录命名的规范（参照名称约定）。

2）根目录一般只存放"index.html"以及其他必需的系统文件。

3）为每个主要栏目建立一个相应的独立目录。

4）根目录下的 images 用于存放各页面都要使用的公共图片，子目录下的 images 目录存放本栏页面使用的私有图片。

5）所有 JS、ASP、PHP 等脚本存放在根目录下的 scripts 目录或 includes 目录。

6）所有 CSS 文件存放在根目录下 style 目录。

7）所有 CGI 程序存放在根目录下的 cgi-bin 目录。

8）每个语言版本存放于独立的目录。

9）所有 flash、、avi、ram、quicktime 等多媒体文件建议存放在根目录下的 media 目录，如果属于各栏目下面的媒体文件，则分别在该栏目目录下建立 media 目录。

10）广告、交换链接、banner 等图片保存到 adv 目录。

4. 链接规范

1）新闻、信息类通常用新开窗口方式打开。

2）顶部导航、底部导航通常在本页打开，特殊栏目和功能可新开窗口。

3）带下画线为链接通常的默认风格，为了增强观赏性，在顶部导航或特殊位置可用样式表替代下划线风格。

4）链接的颜色可配合主题颜色风格改变，通常为蓝色、暗蓝色、黑色，但激活后的链接颜色、鼠标移动其上时的链接颜色要同本身颜色区分开。

5. 导航规范

1）导航要简单、清晰，建议链接不超过 3 层。

2）用于导航的文字要简明扼要，字数限制在一行以内。

3）首页中的各栏目一级页面之间互链，各栏目一级和本栏目二级页面之间互链。

4）在三级页面顶部设置导航条，标明位置。

5）突出最近更新的信息，可以加上更新时间或 New 标识。

6）为连续性页面添加"上一页""下一页"按钮。

7）页面内容超过 1 屏时，在底部添加 go top 按钮。

8）页面内容超过 3 屏时，应在头部设置提纲，直接链接到文内锚点。

4.2.2 电子商务网站资源规划

网站资源包括人力配置、费用预算、进度规划这三个方面内容。

1. 人力配置

网站规划与设计一般配置如下人员与角色。

（1）系统策划师

系统策划师确定系统的目标、策略及总体规划，要形成网站建设目标书、策划书。

（2）网站设计师

网站设计师按照策划书文档，对网站进行总体的设计，如网站功能、结构、风格等，最后要形成网站总体设计书。

（3）程序设计师

网站建设涉及许多软件开发和程序编写，程序员要按照网站总体设计书的要求完成相关程序的编写。

（4）美工师

美工师按照网站设计书的要求制作出美观、实用的网页。

（5）录入员

一个完整的电子商务网站需要录入大量的资料，这些资料要由录入人员按要求输入。

（6）项目经理

项目经理是电子商务网站建设的负责人，主要负责项目的管理，包括人员分配，组织、资源的规划，进度的控制以及质量的审核等。

2. 费用预算

一般网站建设费用包括以下几项。

1）域名费用。

2）线路接入费用和合法的地址费用。

3）服务器硬件设备费用。

4）主机托管费用。

5）系统软件费用。

6）开发费用。

7）网站的市场和经营费用。

3. 进度规划

从网站分析设计到网站建设完成，要经历以下 8 个阶段。

1）调查分析阶段。

2）确定网站模型阶段。

3）内容组织阶段。

4）网站总体设计阶段。

5）具体制作阶段。

6）系统全面调试阶段。

7）上网试运行阶段。

8）网站维护培训阶段。

4.3 电子商务网站规划的基本步骤

电子商务网站规划的基本步骤包括：建设网站前的需求分析、网站功能定位、网站技术解决方案、网站内容及实现方式、网页设计、制定预算、网站测试、维护等阶段。

4.3.1 建设网站前的需求分析

网站建设的需求分析是网站建设的第一阶段，其总体目的是根据调查分析，明确建设电子商务网站的目的与内容，使网站建设能符合企业经济实力，并满足企业真实需求和客户需求，以提高企业市场竞争力和经济效益。

网站需求分析的内容主要包括企业需求调查、目标客户调查分析、竞争对手调查分析、市场定位分析、可行性分析、收益分析、风险分析。

1. 企业需求调查

企业需求调查的目的是充分了解用户需求、业务内容和业务流程，是下一步进行需求分析的前提条件。需求调查方法如下。

1）了解企业。通过调查和直接咨询企业负责人、查看宣传画册等手段，对企业的基本情况和管理方式等有进一步的了解。

2）了解企业网站需求。通过与企业和部门等负责人的沟通，了解企业对网站建设的需求（需要达到的效果与目的）。

2. 目标客户分析

调查与分析目标客户，了解网站可能的服务对象和他们的需求，规划与设计符合目标客户群的商务网站，为他们提供所需的产品和服务，以及满足他们的兴趣和爱好。

1）对于个体客户：考虑老客户是否喜欢新技术和经常上网，以及他们受教育的程度与未来购买倾向；分析目前大多数网民网上购物倾向、未来发展的趋势与本企业产品的接近程度。网民对待上网的态度、付款方式、送货方式的选择对网络销售有较大的影响。

2）对于公司客户：了解公司客户上网情况、业务流程与网络结合程度、对网上交易的主要需求、所处的商业环境、公司员工的业务素质与文化程度、对新技术的接受能力等。

分析原有客户资料，并与中国互联网信息中心（CNNIC）的统计报告进行比较，了解原有客户上网及网上购物的可能性；定期跟踪分析 CNNIC 统计报告，了解网民变化情况和网上购物的发展趋势；求助于专业的咨询公司或者自己进行实地调查研究；利用 ISP 或有影响的行业网站进行网上调查研究。

对网上目标客户进行分析，不仅要找出表面的、内在的、具有可塑性的各种需求，而且要挖掘出客户在需求信息方面的各种需求。在借用传统经营分析方法对网上目标客户进行分析的同时，必须充分考虑电子商务在贸易区域和贸易行为方面的不确定性，不断研究在支付和配送可实现的情况下培养目标客户的方法。

目标客户分析是一项长期的工作。网站建设后，需不断跟踪与了解本企业满足客户需求的反馈情况，分析研究客户新需求，以便修正与完善企业网站的结构与功能。

3. 竞争对手的调查分析

了解原有的竞争对手是否上网，洞察网上已经开展业务的竞争对手情况，分析现有和潜在的竞争对手的优势和劣势，研究竞争对手网站运行和电子商务运作的效果，以便制定自己的发展战略、网站设计方案和战胜竞争对手的方法。

(1) 确认网上的竞争对手

选择竞争对手的两个标准：一是行业标准，主要从提供类似或密切相关的产品的企业中寻找；二是市场标准，主要从力图满足相同顾客群需求或者服务于同一顾客群的企业中寻找。

寻找竞争对手的三种方法：一是直接将原来竞争对手的公司名称或主导产品名称作为主要域名进行模糊查找；二是利用搜索引擎从分类或者关键词入手进行查找；三是利用行业协会网站的链接进行查找。

(2) 了解竞争对手电子商务战略和所开展的主要网上业务

研究竞争对手网站的设计构架与运行效果，包括功能、信息结构、设计风格、提供的产品和服务特色等。

4. 网站构建的市场定位分析

市场定位是在目标客户的心目中为本企业和产品及服务创造一定的特色，赋予一定的形象，以满足与适应客户的需求与偏好。

市场定位分析是以目标客户分析和竞争对手分析为基础，寻求企业竞争优势的分析方法。

网络环境下的企业竞争优势取决于：同等条件下能否比竞争对手定出更低的价格；能否提供有别于竞争对手的特色产品或服务；电子商务模式与流程的设计特色、网站使用的便利性、网站功能的完善性、网站风格的可接受性、网站信息发布与管理的效率、网站推广途径等因素。

竞争性分析的目的是确定企业的竞争优势，要分析同类商品市场最大容量和在网上推广销售的程度；了解竞争对手的优势和地位，比较本企业的商品所占的分量与地位；研究消费者对各个企业所提供的商品与服务特色所能接受的程度，找出自己的竞争优势或劣势，选择本企业的市场定位。

主要竞争对手网站内容结构与运行效果分析的目的是确定本企业网站架构，包括内容结构、系统功能、运行效果、硬件换代和网页翻新周期等。

新产品市场开拓分析的目的是确定企业未来发展方向，从中探讨本企业网站的市场定位是否合理，是否符合发展趋势。主要方法有：问卷调查法、空缺分析法、多向量分析法、优势对比法、网上链接统计分析法。

5. 可行性分析

可行性分析主要包括技术可行性分析、经济可行性分析、组织人员可行性分析。

(1) 技术可行性分析

技术可行性分析主要是指构建与运行电子商务网站所必需的硬件、软件及相关技术对电子商务业务流程的支撑分析。

可选择的电子商务技术有：EDI 技术、条形码技术、电子邮件、WWW 技术、数据仓库和数据挖掘技术、电子表格技术。

技术可行性分析内容主要有两个方面，一是与企业原有技术或者系统衔接程度的分析（技术选择要与原有系统相衔接）；二是选择的技术对网站功能实现的支持度分析（要按网站功能选择相关技术)。

(2) 经济可行性分析(成本构成与测算)

经济可行性分析是指构建与运行网站的投入与产出效益分析。

构建成本的测算包括软件成本和硬件成本。软件成本的测算是最难确定的,在过去项目成本情况进行分析的基础上,软件成本测算可分两步走:首先测算软件规模和程序量;然后利用有关经验参数模型测算出该规模软件成本,也可用专家判定法测算。

软件成本估算方法有三种,一是参照类似的已经完成的项目估算,将大的项目分解,估算各个子系统的开发成本和工作量,之后再进行汇总;二是将软件按网站建设的生命周期分解,分别估算软件开发在各阶段的工作量和成本,最后进行汇总;三是根据实验或历史数据给出软件开发工作量或成本的经验估算公式。

(3) 组织人员可行性分析

组织人员可行性分析是指保证网站构建与运行所需要的人力资源以及组织设计和管理制度的分析。

6. 网站的收益分析

电子商务网站收益是指来源于网站运营的经济收入。目前,电子商务网站的收益途径主要有直接收益、间接收益和品牌收益。

1) 直接收益:直接收益通过在线销售网上信息或服务而获取。主要包括三个方面,一是网站信息收益,包括浏览查询信息收费(数据查询、资料软件下载、娱乐欣赏收费等);二是宣传推介性信息收益(广告收入、收费的企业宣传、网上中介信息收费等);三是网站功能的收益,包括独立性功能收益(信息加工、处理、分析等收入)、专门性功能收益(金融、证券等)。

2) 间接收益:网站通过相关业务而获取的收益(网上采购、推销、业务推广等)。

3) 品牌收益:知名度、点击率等方面的收益。

7. 风险分析

如果企业的大部分业务通过网上完成,企业电子商务网站的风险分析就很有必要了。

风险分析的方法主要有两种,一是技术风险分析,分析企业商务网站外在的危险,包括黑客破坏、计算机病毒、计算机故障等。可根据严重性计算网络服务失效带来的损失,以便网站设计者在设计阶段考虑预防和补救措施;二是商业风险分析,即使用电子商务网站后,由于网站与企业商务需求存在偏差等因素,造成使用电子商务网站反而降低生产力和生产效率的情况。

4.3.2 建设网站目的及功能定位

建设网站首先要确定网站的功能定位。

1) 为什么要建立网站,是为了树立企业形象,宣传产品,进行电子商务,还是建立行业性网站?是企业的基本需要还是市场开拓的延伸?

2) 整合公司资源,确定网站功能。根据公司的需要和计划,确定网站的功能类型:企业型网站、应用型网站、商业型网站(行业型网站)、电子商务型网站。其中企业网站又分为企业形象型、产品宣传型、网上营销型、客户服务型、电子商务型等。

3) 根据网站功能,确定网站应达到的目的作用。

4）企业内部网的建设情况和网站的可扩展性。

4.3.3 网站技术解决方案

根据网站的功能确定网站技术解决方案。

1. 网络平台选择

电子商务网站并不是一个孤立的内部系统,它必须介入互联网才能正常工作,目前主要的互联网接入方式有:专线接入、服务器托管、虚拟主机等。

1）专线接入是指通过专门的线路接到 Internet,按连接线路的方式可分为 DDN 专线、帧中继以及光纤等形式。专线接入的优点是服务器位于自己企业中,维护方便,并且可以构建电子邮件服务器、Web 和 FTP 服务器以及代理服务器等,缺点是价格昂贵。

2）服务器托管是指将服务器放置到提供托管服务的网络公司,让其代为管理,这种方式费用较专线接入大大降低,但需要对系统进行远程维护,技术难度较大。

3）虚拟主机是指租用一些 ISP 商家的网络宽带和硬盘空间,这种方式不需要购买专门的服务器,但由于没有对服务器的自主权,所以受限制比较多,例如远程管理和软件安装等方面的限制。

2. 服务支撑体系

电子商务支撑环境包括电子认证、在线支付、现代物流、信用服务和标准规范体系,是网络化经济活动的基础,它的建立需要国家和各行业的共同努力才可以实现。

1）电子认证方面,重点是电子证书的安全、推广应用及相互认证问题。

2）在线支付方面,重点是在线支付业务的规范化、标准化,发展第三方在线支付服务,实现与银行的业务协同。

3）现代物流方面,重点是建设围绕信息发布、服务交易、过程优化与跟踪等物流服务,支持建设物流公共信息服务平台。

4）信用服务方面,重点发展在线信用信息服务,探索政府相关部门、各类市场主体相互间信用信息资源共享机制的实现方式。

5）标准规范方面,重点研究制定产品和服务编码、电子单证、信息交换、业务流程等电子商务关键技术标准和规范,参与国际标准制修订工作,完善电子商务国家标准体系。

3. 数据库设计

数据库设计是指对于一个给定的应用环境,构造最优的数据库模式,建立数据库及其应用系统,使之能够有效地存储数据,满足用户的应用需求,包括信息管理要求和数据操作要求。对于电子商务网站,数据库的设计一般包括 4 个阶段。

1）用户需求分析:对现实世界的调查分析。

2）概念结构设计:从现实世界向信息世界的转换,根据用户需求进行数据库建模,也称为概念模型。

3）逻辑结构设计:从信息世界向数据世界的转换,将概念模型转换为某种数据库管理系统支持的数据模型。

4）物理结构设计:为数据模型选择合适的存储结构和存储方法,具体过程如图 4-1 所示。

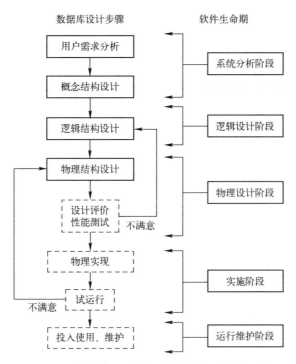

图 4-1 数据库设计步骤对应软件生命周期图

4. 网站安全性措施

电子商务网站建设的首要问题是网站 WEB 服务器的使用，通常情况下，开展电子商务的企业会采用自建服务器方案来完成电子商务的各项功能，因此为了电子商务网站的特殊需要，企业会自己租用通信专线，架设 WEB 服务器。可以从以下几方面考虑 WEB 服务器上的漏洞。

1）在 WEB 服务器上不让他人访问的秘密文件、目录或重要数据。

2）从远程用户向服务器发送信息时，中途遭不法分子非法拦截。

3）WEB 服务器本身存在一些漏洞使得一些人能侵入到主机系统，破坏重要的数据，甚至造成系统瘫痪。

4）WEB 服务器的一些扩展组件存在漏洞，可能导致网络安全和信息泄漏。

不管是配置服务器，还是编写网站程序，都要注意系统的安全性。尽量堵住任何存在的漏洞，创造安全的环境。WEB 服务器安全预防措施有如下几点。

1）经常对 WEB 服务软件进行升级，安装相应的安全补丁，最大限度地堵住系统漏洞。

2）限制在 WEB 服务器开账户，在口令长度及定期更改方面做出要求，防止被盗用，并定期删除一些断进程的用户。

3）尽量去掉无用的 WEB 组件，防止被他人非法利用。

4）尽量使 FTPMAIL 等服务器与之分开，去掉 ftp. sendmail、tftp. NIS、NFS. finger、netstat 等一些无关的应用。

5）在 WEB 服务器上去掉一些不使用的解释器（如 SHELL 等），例如在 CGI 程序中不使用 PERL，则把 PERL 从系统解释器中删除。

6）定期查看服务器中的日志（.log）文件，分析一切可疑事件。

7）设置好 WEB 服务器上系统文件的权限和属性，为可让他人访问的文档分配一个公用的组，如 www，并只分配只读的权利。把所有的 HTML 文件归属 www 组，由 WEB 管理员管理 www 组。对于 WEB 的配置文件仅对 WEB 管理员分配写的权利。

8）有些 WEB 服务器把 web 的文档目录与 FTP 目录指定在同一目录，要注意避免 FTP 目录与 CGI-BIN 指定在一个目录之下，以防止一些用户通过 FTP 上传 PERL 或 SH 之类程序，并用 WEB 的 CGIBIN 去执行，造成不良后果。

9）通过限制许可访问用户 IP 或 DNS。

10）通过杀毒软件和防火墙保证服务器安全。

4.3.4 网站内容及实现方式

下面介绍网站内容规划及实现方式。

1. 总体结构设计

优秀的网站在目录结构建立方面一般遵循以下几个原则。

1）按栏目内容建立子目录：首先按主菜单栏目建立子目录；对于其他的次要栏目，如果需要经常更新，则可以建立独立的子目录；对于一些相关性强、不需要经常更新的栏目，可以合并放在一个目录下；所有程序一般存放在特定目录。

2）在每个主栏目目录下都建立独立的 images 目录：为每个主栏目建立一个独立的 images 目录以便于管理；根目录下的 images 目录只用来存放首页和一些次要栏目的图片。

3）目录的层次不要太深：目录的层次不要超过 3 层，以便于维护管理。

4）不使用中文目录和名称过长的目录。

2. 网站链接结构基本形式

1）树状链接结构：类似于 DOS 的目录结构，首页链接指向一级页面，一级页面链接指向二级页面。这样的链接结构在浏览时逐级进入、逐级退出，优点是条理清晰，访问者明确知道自己在什么位置，不会"迷路"，缺点是浏览效率低，从一个栏目下的子页面到另一个栏目下的子页面时，必须绕经首页。

2）星状链接结构：类似于网络服务器的链接，每个页面相互之间都建立有链接。这种链接结构的优点是浏览方便，随时可以到达自己喜欢的页面，缺点是链接太多，容易使浏览者"迷路"。

3. 网站模块设计

（1）新闻管理模块

新闻管理模块将网站中的某些需要经常变动的栏目和信息集中管理，例如新闻、产品和业界动态等，并通过信息的某些共性进行分类，最后系统化、标准化发布到网站上的网站应用程序。新闻管理模块是各类网站必备的功能模块之一。

（2）产品管理模块

产品管理模块实际上是一套基于数据库的即时发布系统，可用于各类产品的实时发布，前台用户可通过页面浏览查询，后台管理员可以分类和发布产品型号、价格、简介、样图、相关下载文档等多类信息。特别是在产品发布量很大、更新频繁的时候，管理员使用产品发布管理系统，能方便快捷添加、修改、删除产品信息。同时该系统还可以与网上购物模块相结合，实现企业的网上购物商城。

（3）会员注册/管理模块

此模块能够把客户资源有效管理起来。通过网站会员管理模块，可以收集完整的会员资料，对会员进行管理，根据会员的等级给予不同的权限，并为会员提供与产品或服务相关的具体功能。

（4）网上购物模块

购物系统主要是网上购物的模拟实现，可以在线查看商品、在线购物、在线订单处理、在线结账。结账的方式可能是在线实现银行卡付账，也可能是货到付款速递方式。

（5）留言反馈模块

留言反馈模块用来收集浏览网站的客户的意见或建议，在与网络用户交流中能发挥很大的作用，用户可以将资料和要求等保留在页面上，以供其他人观看。客户反馈及留言系统可以提供完备的信息反馈和发布功能，有助于收集网站的反馈信息，是通过网络收集信息的有力工具。

（6）在线调查模块

对客户进行调查是企业实施市场策略的重要手段之一。通过开展行业问卷调查，可以迅速了解社会不同层次、不同行业的人员需求，客观地了解需求信息，调整修正产品策略、营销策略，满足不同的需求。可以在网站上进行不同方面的调查，例如，针对某种主要产品、政策、企业行为等，进行网上投票，答案一般设为几种（是、不是、其他或同意、不同意、其他等，可自由定制），让决策者迅速广泛地了解到市场意见或支持率，以便及时调整政策。

（7）信息检索模块

站内信息检索系统贯穿于整个网站，便于网站的浏览者按照自己喜欢的查找方式（如按栏目、标题、内容、分类、日期等查找），在庞大的信息库中快捷地找到自己想要的资源。信息检索模块既可以实现按照分类、关键词等进行查询，也可以实现基于全文内容的全文检索或者对任意字段的复杂组合检索，并支持中英文混合检索、智能化模糊检索等。

4.3.5　网页设计

网页设计要注意以下几点。

1）网页美术设计一般要与企业整体形象一致，要符合企业 CI 规范。要注意网页色彩、图片的应用及版面策划，保持网页的整体一致性。

2）在新技术的采用上，要考虑主要目标群体的分布地域、年龄阶层、网络速度、阅读习惯等。

3）制订网页改版计划，如半年到一年时间内进行较大规模改版。

4.3.6　费用预算

建立网站的费用预算工作包括以下几方面。

1）企业建站费用的初步预算。

2）专业建站公司提供详细的功能描述及报价，企业进行性价比研究。

3）网站的价格从几千元到十几万元不等，如果排除模板式自助建站（通常认为企业的网站无论大小，必须有排他性，如果千篇一律，对企业形象的影响较大）的方式，网站建设的费用一般与功能要求呈正比。

4.3.7 网站维护

网站维护工作主要包括如下几方面。
1）服务器及相关软硬件的维护，对可能出现的问题进行评估，制定响应时间。
2）数据库维护，有效利用数据是网站维护的重要内容，因此数据库的维护要受到重视。
3）内容的更新、调整等。
4）制定相关网站维护的规定，将网站维护制度化、规范化。
一般来说，动态信息的维护由企业安排相应人员进行在线更新管理；静态信息（没用动态程序数据库支持的信息）可由专业公司进行维护。

4.3.8 网站测试

网站发布前要进行细致周密的测试，以保证正常浏览和使用。主要测试内容包括以下3个方面。
1）文字、图片是否有错误。
2）程序及数据库测试。
3）链接是否有错误。

4.4 案例——图书商城网站规划设计

下面以图书商城网站规划设计为例，介绍网站规划设计的具体方法。

4.4.1 案例背景

图书商城网站是互联网和电子商务发展的产物，近几年在我国发展迅猛。21世纪是网络时代、信息时代，时间是非常宝贵的，人们由于种种原因没有时间去书店，也不知道哪家书店有自己需要的书籍，同时那些传统的出版发行机构无法及时了解顾客需要的书籍，这种买卖双方之间信息交流上的阻碍成为"网上书店"网站发展的原动力。

4.4.2 案例内容

1. 图书商城网络建设目标

网上书店的建立可以很好地解决信息阻碍的问题，向广大用户提供的是一种全新的网上信息服务，做好B2C（企业-个人）网络平台的搭建与服务，让所有的用户能够方便快速买到价廉质优的书籍，同时也可以节省大量的时间。同时，让卖家能以全新的模式销售图书，在有效控制成本的同时，大幅提升销售量，并且不受地域和时间的限制。旨在书店与消费者之间架起一座高速、便捷的网上信息桥梁。

2. 网站构建的需求分析

网络经济全球化的发展，跨国大公司大企业触角分布全球每一个角落，电子商务不受空间与时间制约的优点给网上书店提供了契机，通过构建电子商务网站开辟更广的市场空间。

随着互联网的普及以及人们生活质量的提高，消费者渐渐意识到网上购物方便快捷的优越性，形成了一支新兴的、重要的、不断壮大的消费队伍，因此，构建图书销售电子商务网站，适应了消费者消费方式转变的需要。

3. 网站栏目规划

在进行充分的调研后，我们建议图书商城网站由下列栏目构成。

1) 首页（蒲公英 Logo）。
2) 发行机构（网上书城详细介绍）。
3) 图书展览（介绍各类图书，包括小说、青春、生活、科技、管理、励志/成功等）。
4) 购物车（书名、价格、数量、继续购物等）。
5) 会员中心（注册会员，会员包括三星会员、二星会员、一星会员和准星会员，还有用户名及密码登录等选项）。
6) 联系我们（电话号码、邮件、QQ 在线、BBS 等）。

网站风格及设计要求如下。

提供丰富的网络信息，以满足顾客的需求为前提，将首页作为设计重点，要让顾客过目不忘。色彩搭配、版面布局、网站整体风格必须一致，提供站内搜索功能，具备良好的亲和度，支持主流的浏览器，分辨率支持 1024×768 以上规格。网页要简洁，系统反应速度不能大于 3 秒。

4. 首页设计

首页标题："蒲公英"网上书城。

首页采用 Flash 动画技术，将公司的企业文化形象及经营理念充分展示出来，给予访问者视觉上的完美享受，给顾客留下美好的印象。

5. 网站功能介绍

网上书店包括产品管理子系统、信息发布子系统、BBS 论坛子系统、短消息子系统（产品无线销售子系统）、站内查询子系统、系统管理子系统等。下面就各子系统进行详细的功能介绍。

1) 产品管理子系统包括网上书城品牌介绍、图书种类管理、优惠活动等内容和功能。
2) 信息发布子系统包括最新活动、最新图书、畅销书、热门话题、职场故事等内容和功能。
3) BBS 论坛子系统实现会员注册、会员登录、发帖、回帖等信息交流功能。BBS 论坛的维护和管理任务包括归档有价值的帖子，规范和监督会员在 BBS 的讨论活动，删除无用的帖子，对会员进行管理，对积分进行兑奖。
4) 短消息子系统又称无线销售子系统，实现网上书城从传统营销模式到网络营销模式的跨越式转变。为顾客提供电话、手机等无线设备随时随地订购的服务，让顾客随时随地可以买到自己想要的书，并具体实现手机钱包、站内短信、活动优惠券通知等功能。
5) 站内查询子系统提供信息搜索、品牌查询、关键字模糊查询和精确查询等功能。
6) 系统管理子系统包括新闻、公告信息的发布及过期维护，BBS 论坛的会员管理、信息归档、权限设置、积分管理等功能。

6. 费用预算

网上书店建设涉及三方面的费用，即网站开发费用、网站托管费用、后期维护费用，具体如下。

1）网站建设开发费用。网站模块设计、页面设计、内容设计等所需的费用，如表 4-1 所示。

表 4-1 网站建设开发费用

项 目	数量	单价/元	价格/元	备 注
首页动画广告片	1 套	500	500	个性化展示广告
产品管理子系统	1 套	2500	2500	门户网站风格
动态信息发布系统	1 套	5000	5000	随时更新新闻，自主维护和发布，可带图片展示
BBS 论坛	1 套	3888	3888	在线浏览者互动交流平台
合计	域名费用、Flash 广告片、子系统设计等合计 RMB11888.00 元			

2）网站托管费用。网站租用主机空间、数据库服务等所需费用。本网上书店所需虚拟主机空间租用费用为 600 元/年/10 MB，数据库存储空间租用费用为 1200 元/年/10 MB。

3）后期维护费用（以年计）视具体情况而定。

4.4.3 案例总结

通过该案例，我们了解到一个小型电子商务网站的规划与设计过程。电子商务网站的规划设计是一个复杂的过程，通常的网站设计方法有原型法、结构化生命周期法、面向对象方法等。根据网站复杂程度的不同，采取不同的规划设计方法。本案例结合了原型法和结构化生命周期法，由此可见，网站设计与规划过程中采用的方法并不是唯一不变的，应根据实际情况灵活应用。

本章小结

通过学习本章，对网站规划、电子商务网站有了整体认识，理解了电子商务网站建设的基本流程，掌握了电子商务网站规划的内容与步骤，能够独立完成电子商务网站的规划设计方案。在学习本章的基础上，还应对电子商务网站的技术实现形式有所了解。

本章习题

1）电子商务网站规划的内容主要有哪几个方面？
2）电子商务网站规划的基本步骤是什么？
3）如果要建立一个小型电子商务网站，要从哪些方面入手？

第5章 设施布置设计

学习目标
- 了解设施布置的内容、原则。
- 了解设施布置设计的内容。
- 掌握设施布置设计的方法、基本布置形式。
- 掌握系统化布置设计的方法。

无论是生产设施还是服务设施,在建立之初都要进行设施布置设计,设施布置设计的好坏决定了设施运行过程的顺畅与否。以下是两个设施布置设计的例子,通过案例,我们对设施布置设计有一个初步的认识。

1. 床垫厂设施布置设计案例

某工厂生产床垫、工业用缝纫机、气体加热泵及冷气机。通常我们对床垫生产区域的印象是一个宽阔空间内许多作业员从事床垫的装配工作,周围堆置着各种床垫框、弹簧和床垫木板。然而,该工厂并非如此,床垫生产空间紧凑,并不比一所中学的篮球馆大,却有7条单元生产线,每天生产约750张不同颜色、样式和尺寸的床垫。

除了床褥机器外,每一条生产线所使用的机器,都依照工艺流程顺序排列。主要的机器设备有弹簧圈成形机、装配机、多针头床褥机、切割机、凸缘缝纫机、床垫机、边缘缝纫机、贴边机和包装机。每部机器都与下一流程的机器衔接起来,不容许多余的空间放置半成品。

每条生产线都采用"一个流"生产,工作时允许一件产品在流动。床褥机每一次仅制作一个床垫的布料。每一工件在工作站间移动时,顺便完成加工动作。在编织机开始编织床罩20分钟后,床垫就已做好,准备出货至其2000家家具仓库的客户手中,以服务于该公司的经销商。

对于大众化的床垫,则在每一条生产线的终端地点,设有一小间储藏室保存3~40件标准床垫成品(其标准库存数量依据每日销售量而定)。每一床垫都放置在指定位置,并贴上看板标签。每收到一件订单时,就出货一件,并将附在其上的看板取下,送回生产线的起点,当作生产指示单。这样的系统可以确保这些大众化的床垫,仅保存最少必要的存量。对于非标准的床垫,则不设立库存,而是依据家具仓库所下的订单,直接由生产线生产,直接出货至家具商。这就是该工厂的JIT生产方式和单元生产线。

2. 东风汽车生产厂设施布置设计案例

东风汽车公司有两笔账:一笔是1台汽车约有12600多个零件,如果每个零件在物流中运距增加1米,则生产1台汽车零件多运行12.6千米,按年产20万辆汽车计算,所有的零件增加的运距就相当可观了。另一笔是生产1台汽车约需要36700道工序,如果每道工序的物流费用多花1分钱,那么生产1台汽车的成本需增加367元,按年产20万辆汽车计算,每年增加的费用近亿元!由于历史原因,东风汽车公司前身在20世纪70年代建厂设计时,对设施布置与设计考虑不周,22个专业厂分布于十堰市各个山坳内,厂区的长宽分别是

31.2千米和8千米，发动机和驾驶室运到总装厂房距离分别是11.4千米和3.6千米。东风汽车公司的物料搬运采用传统的天车方式，同叉车方式相比，天车方式人员占用多、效率低，还增加约40%的厂房投资，载货汽车进入厂房也带来一系列的弊端。各分厂封闭生产，分别设置仓库、酸洗和下料的厂房和设备，同集中设置相比，设备效率低、材料利用率低、厂房面积大、占用场地大、基建投资多。由于零件工艺线路长，专业厂相互之间协作关系复杂，加上厂房车间地域分散，东风汽车公司的生产组织极其复杂，物流始终是压在企业肩上的一个重担。

十堰基地也给东风汽车公司的后续发展带来障碍，公司不得不另行规划其载重车和轿车的生产厂址。不过，通过总结经验教训，现在的东风汽车公司工厂布置与设计已经发生了质的飞跃。

5.1 设施布置设计概述

设施布置设计过去也被称为工厂设计，该项设计在已确定的空间场所内，根据企业的经营目标和生产纲领，从材料的接收、零件和产品的制造，到成品的包装、发运的全过程，对人员、设备、物料所需要的空间作最适当的分配和最有效的组合，以获得最大的生产经济效益。设施布置设计对生产系统极为重要，据测算，工厂生产总运营成本中的20%~50%是与物料搬运和设施布置有关的成本，采用有效的设施布置方法，可以使这些成本降低30%甚至更多。所以工厂设计的优劣不同，虽然花费的施工费用差不多，但对生产运营的影响却有很大的不同。

5.1.1 设施布置的内容

设施布置包括两个内容，即工厂总体布置和空间布置。工厂总体布置设计应考虑工厂各个组成部分，包括生产车间、辅助生产车间、仓库、动力站、办公室等，同时要考虑物料的流向和流程、厂内外运输方式。其中，车间布置设计要考虑各生产部门、工段、辅助服务部门、储存设施等作业单位，同时也要解决物料搬运的流程和方式。

进行设施布置决策时要考虑的内容主要有以下几个方面。

1）物流和物料搬运设备。根据物流的重要性和形式，确定采用何种设备来发送和存储物料，例如传送带、起重机或自动小车，并要考虑物料在不同工作单元间移动的成本。

2）容量和空间要求。应为每一作业单位分配合理的空间，并考虑通道、餐厅、楼梯等附属设施的相关要求。

3）环境和美学。布置决策要考虑窗户、分隔高度、室内植物等环境因素，以降低噪声，改善空气流通和提供隐秘性。

4）信息流。通信交流对公司运营是很重要的。作业单位是指布置图中各个不同的工作区或存在物，是设施的基本区划，可以是某厂区的一个建筑物、一个车间、一个重要出入口，也可以是一个车间的一台机器或一个办公室的一个部门。作业单位可大可小，可分可合，要根据规划设计工作所处的阶段或层次来划分。对于现有设施，可以按原有组成部分的名称划分作业单位或进行新的分合。对于新项目，规划设计人员要分层次逐个确定所有的作业单位，这对布置的顺利进行非常重要。

5.1.2 设施布置的原则

在企业经营过程中，由于内部条件和外部市场的各种变化，会出现当初布置设计时考虑不到的问题，例如作业能力不够，安全要求、产品或服务设计改变，采用新产品、新技术和新工艺等情况都会导致需要对原有设施进行改造。所以，设施布置设计要遵循以下基本原则。

1) 整体综合原则。设计时应将影响设施布置的所有因素全部考虑进去，以达到优化的方案。

2) 移动距离最小原则。产品搬运距离的大小，不仅反映搬运运费的高低，也反映物料流动的通畅程度。

3) 流动性原则。良好的设施布置应力求在制品在生产过程中流动顺畅，消除无谓停滞，提高生产效率。

4) 柔性原则。在进行厂房设施布置规划前，应提前考虑各种因素变化可能带来的布置变更，以便于以后的设施布置调整和变更。

5) 安全感。要为职工提供方便、安全、舒适的工作环境。

有时这些原则相互矛盾，例如，一味满足移动距离最小原则必然会影响柔性原则，尽管布置方法越来越科学化，但依然没有能够解决一切问题的方法。

5.2 设施布置设计的方法与类型

设施布置设计在实施规划中占有重要地位，直接影响整个系统的物流、信息流、生产能力、生产效率、生产成本以及生产安全。

5.2.1 设施布置设计的方法

设施布置设计方法主要有摆样法、数学模型法、图解法、系统布置设计法等。

1. 摆样法

摆样法是一种利用二维平面比例模拟方法，用按比例制成的样片在同一比例的平面图上表示设施系统的组成、设施、机器或活动，通过相互关系的分析，调整样片位置，得到较好的布置方案。这种方法适合于较简单的布局设计。

2. 数学模型法

数学模型法运用系统工程、运筹学中的模型优化技术研究最优布局方案，以提高系统布置的准确性和效率。

3. 图解法

图解法产生于20世纪50年代，有螺旋规划法、简化布置规划法及运输行程图等，该方法将摆样法与数学模型结合起来，但实践中应用不多。

4. 系统布置设计（Systematic Layout Planning，SLP）法

系统布置设计法是当前工厂布局设计主要应用的方法。本章内容也主要介绍该设施布置方法。

5.2.2 设施基本布置类型

不同的企业会采用不同的布置形式,从部门级布置来看,生产设施有四种基本的布置形式,即产品原则布置、工艺原则布置、成组原则布置、定位原则布置。

1. 产品原则布置(Product Layout)

产品原则布置是指根据产品制造的步骤安排各组成部分。从理论上看,流程是一条从原料投入到成品完成为止的连续线。固定制造某种部件或某种产品的封闭空间,其设备、人员按加工或装配的工艺过程顺序布置,形成一定的流水线,如图 5-1 所示。该布置类型适用于少品种、大批量的生产方式,如自助餐厅服务线及汽车的自动清洗服务布置方式。

图 5-1 自动包装机生产线的产品原则布置

产品原则布置方式适合于少品种大批量的流水化生产作业,其优缺点如表 5-1 所示。

表 5-1 产品原则布置方式优缺点

优　　点	缺　　点
1. 布置原则符合工艺过程,物流流畅 2. 上下工序衔接,存放量少,物料搬运工作量少 3. 生产速度快,可做到作业专业化,对工人技能要求不高,所需培训少 4. 生产管理和采购、库存控制等工作也因变化少而相对简单	1. 前期投入的设备费用较高 2. 线上工作单调、乏味,对工人来讲缺少积极性 3. 产品设计变化会引起布置的重大调整 4. 维修、保养费用较高

2. 工艺原则布置(Process Layout)

工艺原则布置又称功能布置(Functional Layout)、机群式布置,这种布置方式将同类设施排布在一起,例如在机械加工车间按车床组、磨床组等进行分区,不同的产品需要不同的工艺路线,在生产过程中,常常需要叉车、手推车等物料搬运设备以适应多种加工对象及工艺路线。工艺原则布置方式适用于品种多、产量不高的生产方式,如图 5-2 所示。

工艺原则布置方式在服务行业较为常见,例如,综合医院会将功能相似的检查设备,如将 X 光机、CT、核磁等检查仪器及相应的医护医生组成骨科,或将服务功能相似的医生,如内科医生、神经科医生分别组成内科、神经科。公共图书馆、大型商场、航空公司等都是采用工艺原则布置方式。

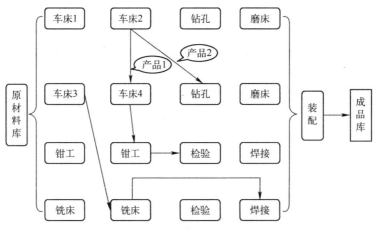

图 5-2 工艺原则布置方式示意图

工艺原则布置方式的优缺点如表 5-2 所示。

表 5-2 工艺原则布置方式优缺点

优 点	缺 点
1. 具有较高的柔性 2. 个别设备的损坏对生产系统不会造成较大的影响 3. 操作人员作业多元化 4. 设备投资较少	1. 对操作人员的技术水平要求较高，培训费用比较大 2. 机器及工人的利用率较低，在制品数量较高，单位产品的成本较大 3. 生产系统物流量大且混乱，管理难度大

3. 成组原则布置（Group Layout）

成组原则布置在制造业中又称为单元制造（Cellular Manufacturing），是目前比较常用且先进的布置方法。由于顾客需求的多样性，多品种、少批量的生产方式已成为当前生产的主流，如果使用通用设备生产，不仅效率低，而且成本高，成组原则布置方式就是顺应这样的需求发展起来的。成组原则布置方式的实质是识别和利用产品零部件的相似性，将零件分类。一系列相似工艺要求的零件组成零件族，针对一个零件族的设备要求所形成的一系列机器，称作机器组，这些机器组即制造单元，如图 5-3 所示。

成组原则布置方式综合了工艺原则布置方式和产品原则布置方式的优点。与工艺原则布置方式相比，其加工时间短，物流效率较高，在制品数量较低，同时具有产品原则布置方式的高效率，又具有工艺原则布置方式的柔性特点，因而是一种灵活且理想的布置形式。成组原则布置方式的优缺点如表 5-3 所示。

表 5-3 成组原则布置方式优缺点

优 点	缺 点
1. 物流顺畅 2. 设备利用率较高 3. 有利于拓展工人的作业技能 4. 物料搬运工作量少 5. 兼有产品原则布置方式和工艺原则布置方式的特点	1. 对生产计划要求高 2. 由于单元之间流程不平衡，作业人员需要掌握的技能较高 3. 设备使用率不高

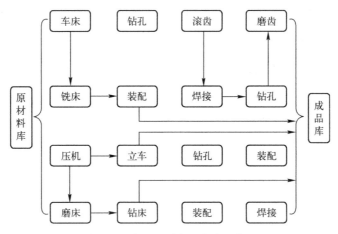

图 5-3 成组原则布置方式示意图

4. 定位原则布置（Fixed Layout）

定位原则布置也称为项目布置，主要适用于工程项目和大型产品的布置。设备、人员、材料都随着加工产品所在的某一位置所转移，因为加工对象大而重不易移动，所以加工位置要进行固定，如造船厂、重型机器厂、飞机厂等。定位原则布置方式示意如图 5-4 所示，其优缺点如表 5-4 所示。

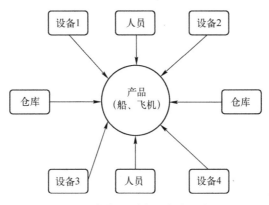

图 5-4 定位原则布置方式示意图

表 5-4 定位原则布置方式优缺点

优　　点	缺　　点
1. 物料移动少	1. 场地空间有限
2. 高度柔性	2. 需要增加人员设备
3. 采用班组方式时可提高作业连续性	3. 对工人技能要求高

5.3 系统化布置设计（SLP）

系统化布置设计（Systematic Layout Planning，SLP）是理查德·缪瑟在 1961 年提出的一种设施布置方法。系统化布置设计能够将物流分析和作业单位关系密切程度分析相结合，是一种条理性很强、可以寻求合理布置的设施布置方法，适用于各种规模工厂、制造业以及服务业中的各种设施布置。

5.3.1 系统化布置设计原始资料分析

在缪瑟提出的系统化布置设计当中，把P、Q、R、S及T作为给定的基本要素（原始资料），系统化布置设计从分析原始资料开始。

1. P——Product 产品或服务

P是指规划设计的对象所生产的商品、原材料、加工的零件和成品或提供服务的项目。这些资料由生产纲领和产品设计提供，包括项目、种类、型号、零件号、材料等。产品这一要素影响着设施的组成及其相互关系、设备的类型、物料搬运的方式等因素。

2. Q——Quantity 数量或产量

Q是指所生产、供应或使用的商品量或服务的工作量。其资料也由生产纲领和产品设计提供，用件数、重量、体积或销售的价值表示。数量这一要素影响着设施规模、设备数量、运输量、建筑面积等因素。

3. R——Route 生产线路或工艺过程

R包括工艺路线、生产流程、各工件的加工路线以及形成的物流路线，是工艺过程设计的成果，可用设备表、工艺过程图、工艺过程表（卡）等来表示。它影响着各作业单位之间的关系、物料搬运路线、仓库及堆放地的位置等因素。

4. S——Service 辅助部门

生产间以外的所有作业单位统称为辅助部门，包括工具、维修、动力、收货、发运、铁路专用线、办公室、食堂等，这些部门是生产的支持系统，在某种意义上加强了生产能力，有时辅助部门的面积大于生产部门所占的面积，所以在布置设计时要给予重视。

5. T——Time 物料流动的时间

T是指在什么时候、用多少时间生产出产品，包括各工序的操作时间、更换批量的次数。根据时间要素可以求出设备的数量、所需的面积和人员，以平衡各工序。这些会影响仓储、收货、发运以及辅助部门的配合等因素。

有了以上原始资料，即可以开始进行布局设计了。

5.3.2 系统化布置设计程序模式

系统化布置设计的程序模式如图5-5所示，从分析原始材料开始，然后按9个步骤依次进行。

有了P、Q、R、S、T这几项基本原始资料后，还要进行产品-产量分析（P-Q分析）。P-Q分析是要回答采用什么样的生产方式，从而采取什么样的基本布置形式的问题。P-Q分析图是进行P-Q分析的一种方式，如图5-6所示。图中横坐标代表产品种类P，纵坐标代表产品数量Q。将各类产品按数量递减的顺序排列，左端表示产品数量很多而种类较少的产品，右端表示产品种类很多而数量较少的产品。

从图中我们可以看出，最左侧产品数量大而种类少，适合采用大批量生产方式，加工机床按产品原则布置。右侧区产品数量少、品种多，属于种类多小批量生产方式，需采用工艺原则布置方式或固定布置方式（产品种类少且数量极少的情况下）。中间区域的产品，则适合采用上述两种相结合的成组原则布置方式。

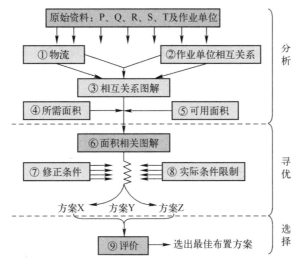

图 5-5　系统布置设计（SLP）程序模式

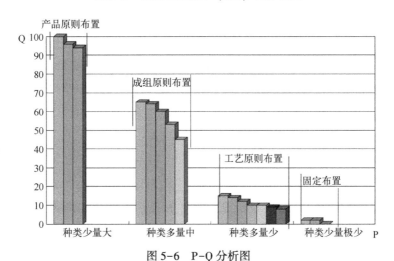

图 5-6　P-Q 分析图

P-Q 分析的结果不仅是确定生产方式和布置形式的基础，也是划分作业单位的基础，即把不同生产方式和布置形式的机器设备，分开配置在不同的面积内。例如，可以把产品原则布置和工艺原则布置的机器设备分别设置在不同的空间内，或者分别设置在一个车间的不同工作区内。

在生产作业单位确定的基础上，要相应确定辅助服务部门的作业单位，这就为下一步分析创造了条件。

5.3.3　物流分析

物流分析主要是工艺流程分析，是工厂布局的前提。工艺流程是指零件在生产过程中的移动路径。物流分析在考察零件流程的同时也在尽力使零件的移动距离、返回次数、交叉运输、生产费用等达到最小。物流分析可采用以下方法。

1. 工艺流程图

工艺流程图可以用来详细描述产品生产过程中各工序之间的关系，也可以用来描述全厂各部门之间的工艺流程。在描述时，我们用各种专用符号来表示各个部门以及各种工作。图 5-7 是标注出物流强度的工艺流程图。物流强度也称为物流量，是指每天或每月等一定时期内的物料移动量，可以用重量、体积、托盘或货箱来表示。

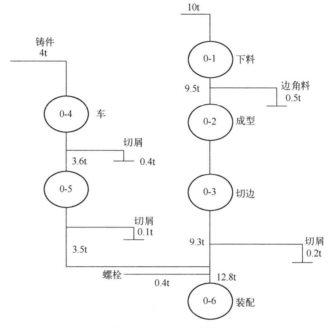

图 5-7　工艺流程图

2. 多种产品工艺流程图

对于数种不同的产品，最好各自编制一张工艺流程图。但是当产品种类较多需要编制多张流程图（如 5 张以上）时，则最好采用多种产品工艺流程图。多种产品工艺流程图将所有零件和工序都汇总在一张图表上，然后将每个零件的工艺过程按预先确定的工序进行绘制，如图 5-8 所示。

运用这种图表并列绘出各种零件的工艺路线，可以迅速地比较各零件的物流途径。为了在布置上实现物料循序流动，尽可能减少倒流，可以调整图表上的工序，使彼此之间最大物流量的工序尽可能靠近，直到获得最佳的顺序。

当零件数量较多时，可以运用这种综合的工艺流程图把具有共同工艺过程、使用相似设备的相似产品组成零件组。另一些不能成组的零件则具有各自独特的工艺过程。对成组和不成组的零件，可以再分别用工艺流程图或多种产品工艺流程图进行物流分析。

3. "从-至"表

"从-至"表也称为流量矩阵 F，通常用来表示建筑物之间、部门之间或机器之间的物流量，适用于多产品或多零件的情况。如果计入作业单位之间的距离，距离矩阵或距离"从-至"表 D，还可以表示作业单位之间的物料搬运总量，即流量和距离乘积的总和，称为物流强度 S。

运用"从-至"表，可以一目了然地进行作业单位之间的物流分析。

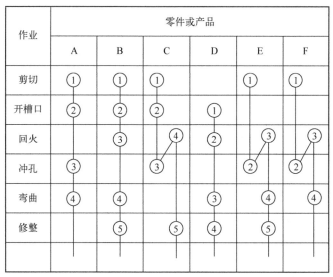

图 5-8 多种产品工艺流程图

5.3.4 应用"从-至"表进行物流分析

下面,我们以轧钢厂设施布置的分析过程为例,学习"从-至"表的使用方法。

该钢铁厂轧辊制造的全过程生产任务为冶炼、利用离心机浇铸外层、填芯、机加工、热处理、入库,如图 5-9 所示。

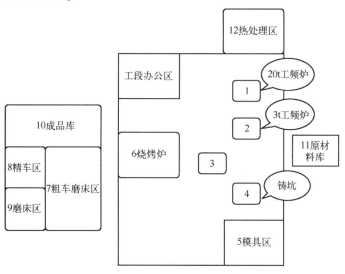

图 5-9 厂区平面布置图

轧辊分厂的基本情况如下。

1) 轧辊分厂完成轧辊制造的全部工作任务,原材料的输入、毛坯进入机加工区由 30 辆电瓶车完成。

2) 铸造车间 10 吨和 50 吨的物料搬运采用天车负责搬运。

3) 该分厂每天大约生产 3 支轧辊,每支重约 26 吨。

4) 生产的工艺流程相同。取当量系数为 1,即以吨为当量吨。

5）搬运工位器具标准化。

1. 物流分析

在物流分析中,"从-至"表应用非常广泛,如物流量"从-至"表、物流强度"从-至"表、距离"从-至"表等,表5-5为物流量"从-至"表,表5-6为作业单位"从-至"表,表5-7为由物流量与距离之积(量距积)得出的物流强度汇总表。

表5-5 物流量"从-至"表

	1	2	3	4	5	6	7	8	9	10	11	12
1				25							15	
2			5									
3				24.5		20					30	
4						30	27.5					
5						30						
6												
7								27				
8									26.5			
9												26
10												26
11												
12												

表5-6 作业单位距离"从-至"表

	1	2	3	4	5	6	7	8	9	10	11	12
1				20							15	
2			5									
3				5		5					30	
4						15	30					
5						10						
6												
7								5				
8									5			
9												60
10												40
11												
12												

表5-7 物流强度汇总表

序 号	从-至	流 量	距 离	物流强度
1	11-1	24	30	720
2	1-4	25	20	500

(续)

序 号	从-至	流 量	距 离	物流强度
3	11-2	4.5	15	67.5
4	2-3	5	5	25
5	3-4	24.5	5	122.5
6	5-6	30	10	300
7	6-3	20	5	100
8	6-4	30	15	450
9	4-7	27.5	30	825
10	7-8	27	5	135
11	8-9	26.5	5	132.5
12	9-12	26	60	1560
13	12-10	26	40	1040
S				5977.5

2. 物流强度和作业单位距离分析（F-D 分析）

根据表 5-7，绘制物流量距离图（F-D 图），如图 5-10 所示。图中处于五、六区域的搬运是不合理的，因为物流量大、距离长。这样的搬运路线分别为 9-12、12-10、4-7、1-11、1-4。

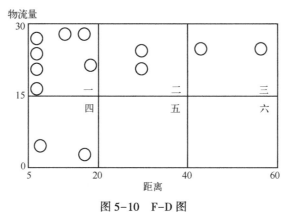

图 5-10 F-D 图

3. 改进流程图

对上述位置不合理的作业单位进行布局调整，使物流量大的作业单位对尽量靠近布置，如图 5-11 所示。

4. 改进后的"从-至"表

改进后，各作业单位之间的距离如表 5-8 所示。

表 5-8 改进后的距离"从-至"表

	1	2	3	4	5	6	7	8	9	10	11	12
1				20							15	
2			20									
3				5		5					30	
4						15	10					

(续)

	1	2	3	4	5	6	7	8	9	10	11	12
5												
6												
7								5				
8									5			
9												5
10											5	
11												
12												

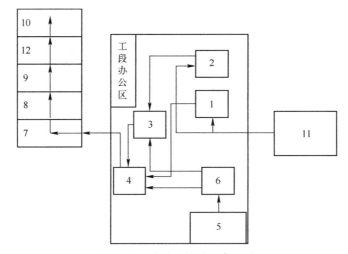

图 5-11 改进后的平面布置图

根据表 5-8，重新计算系统量距积，如表 5-9 所示。

表 5-9 改进后的系统量距积

序 号	从-至	流 量	距 离	量 距 积
1	11-1	24	15	720
2	1-4	25	20	500
3	11-2	4.5	30	67.5
4	2-3	5	20	25
5	3-4	24.5	5	122.5
6	5-6	30	5	300
7	6-3	20	5	100
8	6-4	30	15	450
9	4-7	27.5	10	825
10	7-8	27	5	135
11	8-9	26.5	5	132.5
12	9-12	26	5	1560
13	12-10	26	5	1040
S				2720

改进后的系统量距积和 S 从 5977.5 当量吨米下降到 2720 当量吨米，由此可见物流作为第三利润源泉的重要性。

此方案不一定是最优方案，因为还要考虑非物流因素，所以一些在理论上还可以缩短的距离没有被缩短。

5.3.5 作业单位相互关系分析（非物流分析）

对于布置设计，物流分析并不是唯一的依据，有时候还要进行作业单位间非物流关系分析。以下是属于非物流因素的情况。

1) 像电子工厂和宝石工厂等这类的工厂所需要运输的物料很少，物流相对不是很重要。有的工厂物料主要用管道输送，在这种情况下，物流因素可能并不是最重要的因素。

2) 在纯服务设施当中，如办公室、维修部门，常常没有真正的或固定的物流，确定它们之间的关系，要采用其他通用原则，而不是物流。

3) 辅助设施与生产部门之间常常没有物流关系，但必须考虑它们之间的密切关系，例如，维修间、办公室、更衣室、休息室与生产区域都有一定的关系。

4) 在某些特殊的情况下，工艺流程也不是布置设计的唯一依据。例如，重大件的搬运要考虑运进运出的条件，不能按工艺流程布置。有的工序属于产生污染或有危害的作业，需要远离精密加工和装配区，这种情况下就不能只考虑物流因素。

在分析作业单位相互关系时，要区别情况对待，当不需要分析非物流因素时，只用物流分析即可确定相互关系；若没有重大物流，则没有必要进行物流分析，而是要运用"相互关系图"进行非物流分析。大部分情况下要把生产作业单位和辅助服务部门的非物流相互关系分析和物流分析结合在一张"相互关系图"上。

相互关系图是一种图表，也可称为相关图，图中列出所有的作业单位。对于一个工厂的总面积布置来说，作业单位可以是厂房、车间、仓库等；对于一个生产车间来说，作业单位可以是机器、装配台、检验设施等。作业单位相互关系分析是对作业单位之间关系的密切程度进行评价。相关图上的每一个菱形框格表示相应的两个作业单位之间的关系：用字母表示密切程度的等级，用数字表示确定密切程度的理由，如表 5-10 所示。

表 5-10 相互关系等级

字母	密切程度	理由编码	理 由	比例（%）
A	绝对必要	1	物流	2~5
B	特别重要	2	工作流程	3~10
I	重要	3	使用同一场地	5~15
U	一般	4	使用相同公共设施	10~25
O	不重要	5	使用一套人员	45~80
X	不希望	6	联系频繁程度	根据需要
		7	噪声、振动、易燃	
		8	清洁	

确定相互关系等级的理由最多不超过 10 条。一般有以下几个方面。

1) 物流。

2) 工作流程作业性质相似。

3）使用相同设备。
4）使用同一场地。
5）使用相同文件。
6）使用同样的公用设施。
7）使用一套人员。
8）联系频繁程度。
9）工作流程。
10）联系和管理。
11）噪声、振动、烟尘、易燃、易爆。
12）服务的频度和紧急程度。

以某玩具厂的作业单位相互关系图（如图 5-12 所示）为例，这里一共有 8 个作业单位，两两关系共有 $n(n-1)/2=8(8-1)/2=28$ 个，则 A 级大约有 1~2 个，有时会根据实际情况有所偏差，图中为 3 个。确定作业单位密切程度等级的主要影响因素，也就是评级理由，在作业中一般以代码单位相互关系图表示。

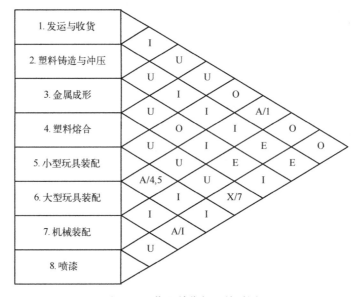

图 5-12 作业单位相互关系图

A 级一般表示部门间有密切的工艺联系或使用相同的设备和场所，大量的人员流动也可定为 A 级。如果对 A 把握不准，则可定为 E，例如两个作业单位间人员流量大但并不是时时如此的情况。U 是最多的，当两个作业单位间不需要相关或无干扰时采用 U 级。X 和 A 一样重要，但方向相反，表示不能密切靠近，例如油漆间不能和焊接间相邻。一般噪声、烟尘、发热、制冷和气味都是列入 X 的理由。

评级是定性的，必须遵循以下的方法和步骤。

1）由设施布置人员初步决定各作业单位间的关系，经集体讨论，充分阐明理由并做出分析。

2）访问相关图所列作业单位的主管或上级，作充分的调查研究。

3）决定密切程度的标准，并逐项把这些标准列在相关图的理由表中。
4）对每一对作业单位确定密切程度等级和理由。
5）允许任何人对相关图提出意见，允许评审、讨论和修改。

5.3.6 物流与作业单位相互关系图解

在作业单位相互关系图完成后，可以绘制物流与作业单位相互关系图（Material Flow and Activity Relationship Diagram），即用图例、符号、数字、颜色画出各个作业单位之间的相互关系。各作业单位之间的密切程度用线条多少及对应字母的等级符号表示，如图5-13所示。

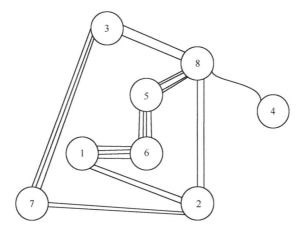

图5-13 物流与作业单位相互关系

这种图解不考虑实际面积和位置，也可以忽略现有布置和现有建筑，能使设计者避免先入为主，不会过早受到实际情况的限制。对于多层建筑，可以把它当作单层建筑来进行绘制，当每个作业单位确定后，再调整或重新布置成多层建筑。

5.3.7 面积相关图

面积相关图主要考虑两个问题，第一个问题是面积的确定，可以采用计算法、标准面积法、概略布置法等方法进行面积计算。一般来说，作业单位需要的面积常常受到实际可能或其他因素的限制，因此必须对所需面积进行适当调整，使之与可用面积相适应。第二个问题是根据已经确定的物流和作业单位相互关系以及确定的面积，利用面积相互关系图（Space Relationship Diagram）进行图解，把每个作业单位按面积用适当的形状和比例在图上进行配置，再结合面积相关图，做出块状布置图（Block Layout），得到布置方案。

5.3.8 调整和修改

要使面积相关图成为合格的方案，还需要考虑实际条件的因素，并进行调整和修正。调整和修正时需要考虑如下几个方面。
1）厂址条件和周围情况，包括地面坡度、主导风向、朝向、铁路、公路的出入口等。
2）搬运方式，包括与外部运输的链接、搬运的总体方案、搬运设备等。

3) 仓库设施。
4) 建筑特征，包括建筑立面、门窗样式、高度、地面负荷等。
5) 公用及辅助部门，包括公用管线、维修部门所需面积等。
6) 人员的需要，包括工厂出入口的分布、更衣室和休息室的位置等。

在考虑布置时，常常遇到一些对设计有约束作用的修正因素，这些因素也成为实际条件的限制。企业方针、建筑规范、资金不足等也是影响布置的重要因素。例如，在布置中希望设置一条高度同步化的自动输送带系统，但实际上它可能会阻断车道，这种情况下可能需要舍弃这种方案。

5.3.9 评价选择

评价选择的常用方法如下。

1. 加权因素法

每个布置方案都涉及一些非经济因素，不可能用费用准确地衡量，对非经济因素的量化，一般采用加权因素法。其步骤如下。

1) 列出因素。根据设施布置的基本要求列出所要考虑的因素。
2) 给出权重。按照各因素的相对重要程度，规定相应的权重。
3) 评分。对每个备选方案进行审查，并按每个因素由优到劣地排出各个备选方案的排队等级数。A、E、I、O、U 分别对应 4、3、2、1、0 分。
4) 计算。把每个因素中各方案的排队等级分数乘以该因素的权数，所得分数放在每个小方格的右下方，再把每个方案的分数相加，根据所得分数来评判各个备选方案的优劣程度。

在布置方案中，最常见的非经济因素如下。

1) 是否易于将来发展。
2) 工艺流程的适应性。
3) 灵活性。
4) 物流的效率。
5) 物料搬运的效率。
6) 储存的效率。
7) 空间利用率。
8) 辅助服务部门的综合效率。
9) 工作条件。
10) 安全性。
11) 是否易于管理。
12) 产品质量。
13) 维修。
14) 设备利用率。
15) 是否满足生产能力或需求能力。
16) 是否适应公司的组织结构。
17) 人流。
18) 外观。

19）自然条件的利用。
20）环境保护。

2. 费用对比法

费用对比法一般是在各个方案都证明合理的情况下，从经济上进行对比的方法。对于一个全新的项目布置方案，一般需要进行总费用对比。对于原布置调整的方案，可以只对有差别的部分进行对比。

5.4 案例——某仓库设施布局与优化

仓库布局一方面要提高仓库平面和空间利用率，另一方面要提高物品保管质量，方便进出库作业，从而降低物品的仓储处置成本。

5.4.1 案例背景

随着我国电商行业的迅猛发展，快递包裹数量逐年增加，行业竞争日趋激烈，电商仓库分拣的重要性也日渐突显。某电商线上销售手机、家电、服装、食品、化妆品等13大类共计3000多万种商品。随着互联网及电子商务的高速发展，该企业逐渐开启了自建物流系统的模式，这一举措的实施极大地提高了物流的服务水平，同时也加快了商品的流通速度。

该电商仓库占地约5000平方米，是一个集物资集散、仓储加工、城市配送等多种功能于一体的综合性电商仓库。

5.4.2 案例内容

1. 仓库布局现状分析

电商仓库共有8个主要区域，分别为进货区、验货区、分拣区、仓储区、出货区、退货区、再加工区和办公区，各自区域内包含各种通道。所有货物统一由进货口进入，再在验货区进行产品质量集中检验，而后在分拣区域进行初步的分拣。

货物通过分拣后再由相应的人员及设备搬运至对应的仓储区域。同时，不合格的产品和退货的产品集中放置在退货区进行筛选，之后在再加工区对不合格的货物进行再次加工，以便对残次品再次利用，达到节约的目的。仓库布局如图5-14所示。

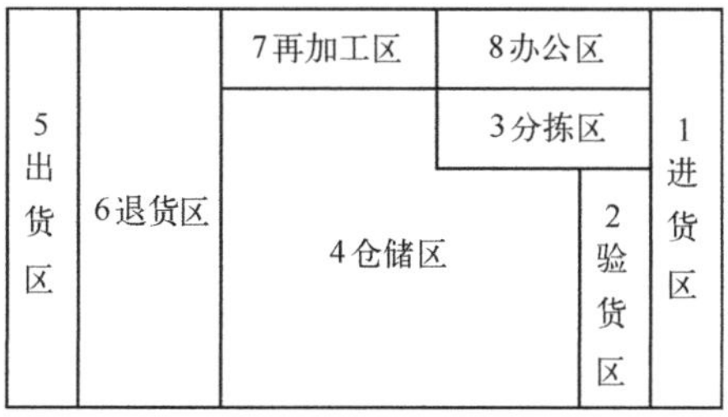

5 出货区	6退货区	7再加工区	8办公区	1 进货区
		3分拣区		
		4仓储区	2验货区	

图5-14 仓库布局图

2. 仓库布局存在的问题

一是位置关系不合理。根据仓库布局图所示，电商仓库的货物要先经验货后再集中到分拣区域对大小件包裹进行仔细地挑选、分拣，经由相关人员和设备分拣后再运至仓储区。因此，分拣区与仓储区之间存在着密切的联系并且货运量较为集中，在仓库的原始布局中，分拣区与仓储区分别位于电商仓库的两端，由此使得搬运距离较长，搬运时间相对延长，容易造成货物积压，尤其在网购销售旺季时，随时会发生爆仓的情况。此外，分拣区的退货商品要运至退货区，搬运距离较长，搬运时间会增加，分拣效率会降低。

二是搬运人员路线设置不科学。各工作区域位置关系的不合理，直接导致了搬运人员线路设置的不科学。例如，分拣区的货物在分拣结束后运往仓储区和退货区的途中，因路线存在迂回，使得货物的运输路线延长，搬运时间增加，并且也会造成工作人员的疲劳，从而降低分拣效率。

3. 基于 SLP 对仓库布局进行优化

（1）产品概况与作业单元面积计算

仓库主要以存储电商产品为主，一般没有特殊的存储要求，通过对仓库物流量的实地考察与统计，具体每日物流量如表 5-11 所示。

表 5-11 作业单位每日物流量

序号	作业单位名称	每日物流量/件数
1	进货区	29300
2	验货区	73000
3	分拣区	43000
4	仓储区	39000
5	出货区	19000
6	退货区	5000
7	再加工区	6000
8	办公区	0

在对仓库进行实地考察后，对仓库的各个区域（进货区、验货区、分拣区、仓储区、出货区、退货区、再加工区、办公区）进行了面积的估算，具体如表 5-12 所示。

表 5-12 作业单位面积概况

序号	作业单位名称	用途	面积/平方米
1	进货区	产品卸货入库与计数	500
2	验货区	产品质量检验和暂存	300
3	分拣区	对产品进行分拣并按单存储	300
4	仓储区	存储合格产品	1800
5	出货区	产品出库检验及装货	500
6	退货区	存储不合格及退货产品	1000
7	再加工区	对不合格产品进行维修处理	300
8	办公区	对整个仓库进行协调处理	300
	合计		5000

（2）作业流程图分析

仓库所有货物统一由进货区进入仓库，先经验货区验货后再集中到分拣区域进行挑选、分拣，经由相关人员和设备分拣后再运至仓储区和退货区。退货区的货物进入再加工区进行再次加工，质量检验合格后运至仓储区储存。出库时，再次经过验货和分拣后在出货区进行装箱出库。作业流程如图5-15所示。

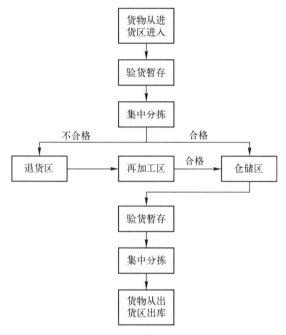

图 5-15 作业流程图

4. 物流相关性分析

将得到的电商仓库各区域之间物流量汇总到物流量"从-至"表中，结果如表5-13所示。

表5-13 物流量"从-至"表

	1	2	3	4	5	6	7	8	合计
1 进货区		29300							29300
2 验货区			34000						34000
3 分拣区				15000	19000	9000			43000
4 仓储区		39000							39000
5 出货区									
6 退货区							5000		5000
7 再加工区				6000					6000
8 办公区									
合计		68300	34000	21000	19000	9000	5000		156300

将各作业单位对的物流强度按大小排序，自大到小填入物流强度分析表，如表5-14所示。

表 5-14 物流强度汇总表

序　号	作业单位对	物流强度
1	4—2	39000
2	2—3	34000
3	1—2	29300
4	3—5	19000
5	3—4	15000
6	3—6	9000
7	7—4	6000
8	6—7	5000

在 SLP 中，将物流强度转化为五个等级，分别用符号 A、E、I、O、U 来表示，具体划分要求如表 5-15 所示。

表 5-15 物流强度等级比例划分表

物流强度等级	符号	物流路线比例/%	承担物流量比例/%
超高物流强度	A	10	40
特高物流强度	E	20	30
较高物流强度	I	30	20
一般物流强度	O	40	10
可忽略搬运	U		

根据物流强度分布比例划分物流强度等级，具体结果如表 5-16 所示。

表 5-16 物流强度分析表

序　号	作业单位对	物流强度	等　级
1	4—2	39000	A
2	2—3	34000	E
3	1—2	29300	E
4	3—5	19000	I
5	3—4	15000	I
6	3—6	9000	O
7	7—4	6000	O
8	6—7	5000	O

根据物流强度分析结果绘制作业单位物流相关图，如图 5-16 所示。

5. 非物流相关性分析

在设施布置中，各作业单位、设施之间的物流分析并不是唯一的依据，还要考虑人员之间的安排等各种非物流因素。各设施间具体关系理由如表 5-17 所示。

在 SLP 中，作业单位相互关系密切程度等级划分为 A、E、I、O、U、X 六个等级，具体划分要求如表 5-18 所示。

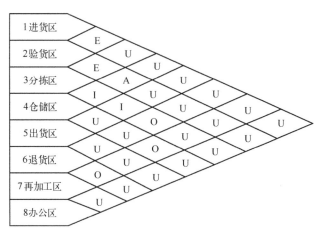

图 5-16 作业单位物流相关图

表 5-17 作业相互关系理由表

序 号	理 由
1	工作流程的连续性
2	物品搬运
3	管理方便
4	人员联系
5	安全和污染

表 5-18 作业单位相互关系等级表

序 号	含 义	说 明	比例/%
A	绝对重要		2~5
E	特别重要		3~10
I	重要		5~15
O	一般密切程度		10~25
U	不重要		45~80
X	负的密切程度	不希望接近,酌情而定	

根据作业单位间划分作业等级的要求,确定各作业单位之间的密切程度,绘制作业单位非物流相互关系图,如图 5-17 所示。

6. 综合相关性分析

确定作业单位之间的物流和非物流关系后,计算出综合相互关系,具体步骤如下。

1) 确定物流与非物流相互关系的重要性,因为在仓库中物流量占主导地位,所以确定物流与非物流重要性比例为2:1。

2) 量化的作业单位综合相关关系,取 A=4,E=3,I=2,O=1,U=0。

3) 计算作业单位综合相关关系,具体划分结果如表 5-19 和表 5-20 所示。

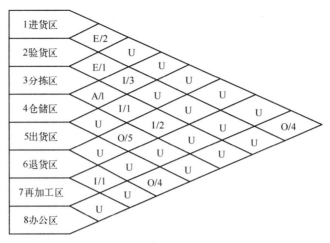

图 5-17 作业单位非物流相互关系图

表 5-19 作业单位之间综合相互关系计算表

作业单位序号	作业单位对	关系等级				综合关系	
		物流关系加权值2		非物流关系加权值1			
		等级	分数	等级	分数	分数	等级
1	1—2	3	6	3	3	9	E
2	1—3	0	0	0	0	0	U
3	1—4	0	0	0	0	0	U
4	1—5	0	0	0	0	0	U
5	1—6	0	0	0	0	0	U
6	1—7	0	0	0	0	0	U
7	1—8	0	0	1	1	1	O
8	2—3	3	6	3	3	9	E
9	2—4	4	8	2	2	10	A
10	2—5	0	0	0	0	0	U
11	2—6	0	0	0	0	0	U
12	2—7	0	0	0	0	0	U
13	2—8	0	0	0	0	0	U
14	3—4	2	4	4	4	8	E
15	3—5	2	4	2	2	6	I
16	3—6	1	2	2	2	4	O
17	3—7	0	0	0	0	0	U
18	3—8	0	0	0	0	0	U
19	4—5	0	0	0	0	0	U
20	4—6	0	0	1	1	1	O
21	4—7	1	2	0	0	2	O

(续)

作业单位序号	作业单位对	关系等级				综合关系	
		物流关系加权值2		非物流关系加权值1			
		等级	分数	等级	分数	分数	等级
22	4—8	0	0	0	0	0	U
23	5—6	0	0	0	0	0	U
24	5—7	0	0	0	0	0	U
25	5—8	0	0	1	1	1	O
26	6—7	1	2	2	2	4	O
27	6—8	0	0	0	0	0	U
28	7—8	0	0	0	0	0	U

表5-20 综合相互关系等级划分表

总 分	符 号	作业单位对数	百分比/%
10—12	A	1	3.57
8—9	E	3	10.71
5—7	I	1	3.57
1—4	O	6	21.42
0	U	17	60.73
-1	X	0	0
合计		28	100

4）绘制作业单位综合相互关系图，如图5-18所示。

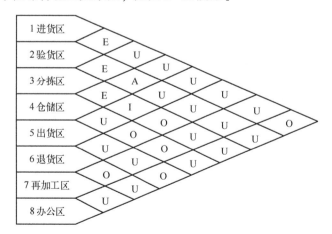

图5-18 作业单位综合相关图

7. 制作作业单位位置相关图

1）利用综合接近程度排序表，量化综合相互关系等级，并计算出各作业单位综合接近程度，按综合接近程度分数由高到低排序，具体计算结果如表5-21所示。

表 5-21　作业单位综合接近程度表

作业单位序号	1	2	3	4	5	6	7	8
1		E/3	U/0	U/0	U/0	U/0	U/0	U/0
2	E/3		E/3	A/4	U/0	U/0	U/0	U/0
3	U/0	E/3		E/3	I/2	O/1	U/0	U/0
4	U/0	A/4	E/3		U/0	O/1	O/1	U/0
5	U/0	U/0	I/2	U/0		U/0	U/	O/1
6	U/0	U/0	O/1	O/1	U/0		O/1	U/0
7	U/0	U/0	U/0	O/1	U/0	O/1		U/0
8	U/0	U/0	U/0	U/0	O/1	U/0	U/0	
综合接近程度	3	10	9	9	3	3	2	1
排序	4	1	2	3	5	6	7	8

2）绘制作业单位位置相关图。在 SLP 中，仓库的总平面布置并不直接考虑各作业单位的建筑物占地面积及其外形几何形状，而是从各作业单位间相互关系的密切程度出发，安排各作业单位之间的相对位置，关系密切等级高的作业单位之间距离近，关系密切等级低的作业单位之间距离远，由此形成作业单位位置相关图。

选择单位距离长度，并规定：关系密级为 A 级的作业单位对之间距离为一个单位距离长度，E 级为两个单位距离长度，依此类推。根据综合相互关系级别高低，按 A、E、I、O、U、X 级别顺序，先后确定不同级别作业单位布置，而同一级别的作业单位按综合接近程度分值高低顺序布置。首先取出 A 级作业单位对 2-4，涉及 2、4 作业单位，按综合接近程度分值顺序，将综合接近程度分值最高的作业单位 2 布置在位置相关图的中心位置，再将 4 布置到图中，且与作业单位 2 之间距离为一个单位距离。然后布置 E 级作业单位对 1-2、2-3、3-4，涉及 1、2、3、4 作业单位，由于 2、4 都已放置在布置图中，现只要将 1、3 放在对应位置即可，相互之间间隔两个单位距离。最后依次处理 I、O、U、X，直至处理完毕。关系等级表示方式参照表 5-22 所示。

表 5-22　关系等级表示方式表

等　　级	符　号	数　值	线　条　数
绝对重要	A	4	////
特别重要	E	3	///
重要	I	2	//
一般重要	O	1	/
不重要	U	0	
不希望靠近	X	−1	……

根据表 5-22 中等级表示方法绘制作业单位位置相关图，如图 5-19 所示。

8. 制作作业单位面积相关图

绘制作业单位面积相关图的过程是一个逐步求精的过程，整个过程要条理清楚、系统性强，按下列步骤进行。

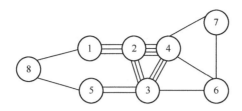

图 5-19 作业单位位置相关图

1) 选择适当的绘图比例，本例所选比例为 1:1000，绘图单位为 cm。

2) 绘图时，以作业单位符号为中心，绘制作业单位建筑物外形。作业单位建筑物一般是矩形，可以通过外形旋转角度，获得不同的布置方案。当预留空间不足时，需要调整作业单位位置，但调整后的位置符号要符合作业单位位置相关图的要求。

3) 经过调整和重绘，得到作业单位面积相关图，如图 5-20 和图 5-21 所示。

图 5-20 方案一

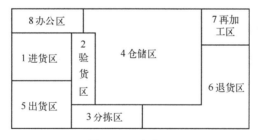

图 5-21 方案二

9. 选择最优方案

1) 采用加权因素法对两个方案进行评分，列出一些重要影响因素，计算他们的权重，如表 5-23 所示。

表 5-23 指标权重表

评价指标	评价得分	权重/%
物料搬运及方便性	4	40
管理控制的方便性	3	30
空间利用率	2	20
安全	1	10

2)对方案进行评选,评选结果如表 5-24 所示。

表 5-24 方案评分表

评价指标	物料搬运及方便性	管理控制的方便性	空间利用率	安　　全	得　　分
方案一	3	2	2	1	2.3
方案二	4	2	2	1	2.7
权重/%	40	30	20	10	

由表 5-22 可知,方案二的得分较高。因此,最佳的仓库布置方案是方案二。

5.4.3 案例总结

系统化布置设计(SLP)方法不仅适用于生产设施(如工厂)布置设计,也适用于服务设施(如超市、医院等)的布置设计。本案例采用 SLP 方法对仓库设施布置进行了设计和优化。使用"从-至"表作为主要分析工具并结合流程图等绘图方法,进行了物流分析和工作区的相互关系分析。最后采用线型图法绘制了作业单位位置相关图。通过该案例的学习,能够了解系统化布置设计(SLP)方法的具体应用过程。

本章小结

通过了解设施布置设计相关理论基础,学会采用 SLP 方法进行系统平面布置,SLP 方法条理性很强,能够结合物流分析和作业单位关系密切程度分析,寻求合理布置方案,不仅适合各种规模类型工厂新建、扩建或改建中的设施布置和调整,也适合物流中心、制造业的办公室、实验室等的布置。

本章习题

1)结合自己学校,列出学校的全部设施,确定它们的相互关系并给出关系理由,然后画出相关图。

2)参观当地一所医院或餐厅,总结它们的布置形式和特点。

3)思考题:服务设施与生产设施在进行设施布置设计时有哪些不同?

第6章 物料搬运系统设计

学习目标
- 了解物料搬运的概念、物料搬运的原则、物料搬运活性分析方法。
- 掌握搬运系统分析方法,掌握其阶段构成、程序模式和图例符号。
- 掌握搬运系统分析与设计过程,包括物料的分类、布置、移动分析、搬运方案分析、搬运方案的修改和限制、各项需求的计算、方案评价、搬运方案的详细设计。

在上一章,我们学习了设施布置设计,即作业单位位置关系的确定,在确定了作业单位的位置关系之后,还要考虑作业单位之间物流的流动关系,即物料搬运系统设计。下面,我们以手表带厂为例了解物料搬运系统设计对生产企业的重要性。

一家手表带厂生产金属表带,表带由若干咬合齿片组成。它的生产工艺是:用冲床冲压出这些齿片,然后操作工人将生产好的元件装满周转箱,将周转箱送往装配线进行装配。

工厂原来整个生产周期为48天,显然,这么长的生产周期在激烈的竞争环境下是难以接受的,于是工厂请来了设施布置专家张教授寻找问题根源。张教授很快就确定了问题所在:首先是所用周转箱太大,需要花很多时间才能装满这种周转箱;其次冲床成为一个瓶颈,限制了整个系统的生产率。张教授提出的建议是:第一,用小得多的塑料周转箱,以看板的形式由下游操作者手工搬运元件箱;第二,增加一台冲床,这样可将生产周期降到4天。

这个案例说明设施设计和搬运系统设计是不可分割的,而且物流容器的选择是物料搬运中的一个重要内容。这里采用看板和小塑料周转箱的搬运系统,频繁、小批量地移动物料,是解决该问题的关键。

6.1 物料搬运系统概述

物料搬运是物流系统的主要活动,在物流系统各环节之间或同一环节的不同活动之间都会发生装卸搬运活动。设备、容器和路线结构共同组成物料搬运系统,其中设备决定了路线是固定的还是变动的,如输送机和叉车分别是固定路线设备和可变路线设备。路线结构分为直达型和间接型两种,容器集纳并保护产品,物料搬运系统中设备、容器性质取决于物料的特性和流动的种类。物料搬运系统的设计要求合理、高效和柔性,以适应现代制造业生产周期短、产品变化快的新特点。

6.1.1 物料搬运

下面介绍物料搬运的概念与原则。

1. 物料搬运的概念

物料搬运是制造企业生产过程中的辅助生产过程,是工序之间、车间之间、工厂之间物流不可缺少的重要环节。在生产车间里,大部分的时间都消耗在原材料、工具、零件的搬运和等待上，物料搬运费用占比较高。所以，设计合理、高效、柔性的物料搬运系统，对压缩库存资金占用、缩短物流搬运时间，是十分重要的。

物料搬运是指在同一场所进行的、以改变物料存放（支撑）状态（狭义的装卸）和空间位置（狭义的搬运）为主要目的的活动。装卸、移动、分类、堆码、理货和取货等作业都属于物料搬运活动。

装卸搬运是物料的装卸和搬运两项作业的统称。这两项作业密不可分，常以"装卸"或"搬运"代替"装卸搬运"的完整含义。一般在强调物料存放状态改变时，使用"装卸"一词，在强调物料空间位置的改变时，使用"搬运"一词，在这里统一使用"装卸搬运"一词概括物料装卸搬运活动。

可以从距离和时间两个维度将物料搬运和运输、控制和工作空间内部的动作等概念区分开来，如图6-1所示。

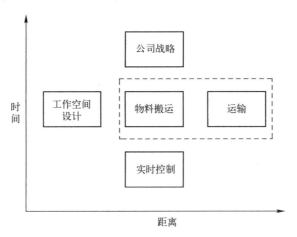

图6-1 物料搬运的范围

物料搬运的基本内容有物料、移动和方法，这三项内容是进行任何搬运分析的基础。

2. 物料搬运的原则

国际物料管理协会下属的物料搬运研究所浓缩数十年物料搬运专家的经验，总结出了搬运的10条原则，美国物料搬运教育大学与产业联系理事会进一步将其提炼为以下10条原则。

1）规划原则。全面考虑需求、作业目标和功能要求来规划所有物料搬运和物料存储工作。

2）标准化原则。物料搬运方法、设备、器具、控制和软件应标准化，以达到系统总体作业目标，且不牺牲灵活性、模块化和吞吐量的要求。

3）工作原则。在达到作业所需的生产率和服务水平的前提下，物料搬运工作应当尽可能最少。工作量可以用运量（F）乘以运距（D）来衡量，即 $W = F \times D$。

4）人机工效原则。在设计物料搬运作业和选择设备时，要考虑人的作业能力和局限性，以保证安全和效率。

5）集装单元化原则。尽可能采用标准容器与装载工具来集装物料，以利于搬运工程的标准化、集装化。

6) 充分利用空间原则。充分利用建筑物的空间，包括高度方向。

7) 系统化原则。尽可能广泛地把各种搬运活动当作一个整体，使之组成相互协调的搬运系统。系统范围包括收货、检验、储存、生产、检验、包装、成品储存、发货、运输和反向物流等。

8) 自动化原则。应当采用合理的作业机械化和自动化，以提高作业效率、反应速度和一致性，降低成本并消除重复性和潜在的不安全的人工作业。

9) 环境原则。在设计物料搬运系统和选择设备时，应当将环境的影响和能量消耗作为一个重要依据。

10) 全生命周期成本原则。对于所有的物料搬运设备和最终的物料搬运系统，应当对其整个生命周期进行全面深入的经济分析。

这些原则可以作为搬运系统优劣的判断依据，但这些原则有时候是互相矛盾的，在实际运用时要根据具体情况做出改变。

6.1.2 物料搬运系统设计要素

对搬运对象、移动路线、搬运方法三个设计要素进行分析是设计物料搬运系统的基础。

1. 搬运对象

1) 物料的定义。物料是指一般企业经营活动中，所投入的人力、财力、技术方法及管理才能之外的有形财务中，固定资产以外的物资统称。一般物料大致可分为以下7种：①原料或材料；②间接材料或办公用品；③在制品；④零配件；⑤成品；⑥残余物料；⑦其他物。

2) 物料的分类特征。从形态上分类，物料可分为固体、液体、气体等；从包装上分类，物料可分为单件、包装件及散装等。如若着重其"搬运特性"，可依据其搬运的特性加以区别，分类方法可以从实体特征和其他特征两方面来说明。①物料实体特征，包括集装的方式、单元货载大小（如长度、宽度、高度等）、单元货载重量（如单件重或单位体积的重量等）、单元货载形状（扁平状、曲面状、紧密型、松散型或不规则状等）、损坏风险（如易碎的、易爆炸的、易污染的、有毒或易腐蚀的风险等）、物料自身状况（如不安定、黏糊的、热的、湿的、脏的等特征）。②其他特征，包括数量（如每批数量、总数量、相对数量等）、时效（如规则性、紧急性、季节性等）、特殊控制（如政府规定、厂内标准、经营政策等）。

2. 移动路线

物料搬运移动路线设计要考虑下列因素。

1) 工作区域间移动。为了减少动态交错和物料等候的现象，一般情况下，有相互关系的工作场所应紧密靠近。

2) 验收与装运等活动地点。这些地点通常为物料流程的开始和结束地点，在该两点，内部物料流程和外部物料应相接通，以动态系统呈现出来，整体系统流程呈现为封闭回路。

3) 水平方向流程。装配线或主生产流程于厂区如何布局等问题将决定水平方向流程，主要的影响因素是设施实体结构以及进货或出货部门的位置。例如，在窄小狭长建筑物中，收货和出货分别在两端时，直线流程比较合适；U形布局允许进出货部门在建筑物的同侧；圆形布局允许同组工作人员执行进货和出货作业；弯曲形布局允许装配线有较多工作站。图 6-2 为一些常见的水平方向流程类型。

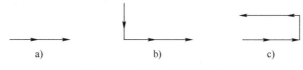

图 6-2　水平方向流程类型

4）垂直方向流程。在多楼层的设施中，物料必须以垂直方式流过每一层楼，此时，垂直输送能够起到非常大的作用。垂直方向流程可配置一些升降或旋转输送带配置。

5）交叉运送。应该尽量避免设施内交叉运送对工作流程所造成的潜在阻碍。

3. 搬运方法

加强对搬运设备的了解及资料收集以作为选择设备和分析搬运方法的基础。一个规划良好的物料搬运系统，按部就班的物料搬运规划程序（物料流程）是不可或缺的。物料流程设计注重搬运、储存及控制物料的方法。

6.1.3　以"5W1H"为变量的物料搬运方程式

物料搬运系统设计是一个十分复杂的问题，涉及范围广泛，包含项目繁杂，因此需要一套系统化步骤作为分析搬运问题的基础，将考虑因素条理分明地呈现出来，这样一套系统化步骤一般称为"物料搬运方程式"。物料搬运方程式在解决物料搬运问题的各个方面都被证明十分有用。设计者需要考虑 6 个主要问题，即 6 个变量。这 6 个变量就是著名的 5W1H 法，以"5W1H"为变量的物料搬运方程式涵盖了物料搬运系统的三大要素（搬运对象、搬运路线、搬运方法）和搬运系统设计的前提（环境、目标），如图 6-3 所示。

图 6-3　物料搬运方程式

在设计之前，"Why"提示设计者充分评价环境，准确确定问题，确定已对物料、移动和方法这三个要素进行了合适的处理和深入考虑。5W1H 以一连串的问题让设计者详细考虑这些细节，加强对问题的理解，从而找到满意的答案。

1）何故（Why）。为何需要搬运？为何需要如此操作？为何要按此顺序操作？为何物料要这样接收？为何物料要这样运输？为何物料要这样包装？

2）何物（What）。要移动的对象是什么？其特征、生产量、零件种类数目是什么？需要什么资料？资料如何取得？系统所规定的范围是什么？是否需要机械化或自动化？是否需要人工控制？有什么意外的情况？

3）何处（Where）。何处应该储放物料？何处需要物料搬运？何处有物料搬运的问题存在？何处应该使用物料搬运设备？何处在未来会发生变化？何处的操作可以删减、合并、简化？

4）何时（When）。物料何时需要移动？何时需要实施自动化？何时要整理物料？何时要删减作业？何时要扩充系统容量？

5）如何（How）。物料如何移动？如何分析物料搬运问题？如何取得主要人员的赞同？如何去学习更多有关物料搬运的知识？如何应付意外情况？

6）何人（Who）。何人要搬运物料？何人参与系统的设计？何人评估系统？何人安装系统？何人稽查系统？委托何人来承造设备？过去何人曾面临相同问题？

7）何种（Which）。何种操作是必要的？何种问题需要首先研究？何种设备可以考虑选用？何种物料要及时控制？可以取得哪些方案？每个方案的利弊是什么？何种方案最佳？用何种标准来评价设计方案？如何衡量物料搬运的绩效？

6.2 搬运系统分析方法（SHA）

搬运系统分析（System Handling Analysis，SHA）是理查德·缪瑟提出的一种系统分析方法，适用于一切物料搬运项目。SHA的三个基本内容包括阶段构成、程序模式和图例符号，SHA方法包括：一种解决问题的方法；一系列依次进行的步骤和一整套关于记录、评定等级和图表化的图例符号。

6.2.1 搬运系统分析阶段构成

物料搬运系统分析过程如图6-4所示。分析过程分为四个阶段，每个阶段的工作内容如下。

第一阶段：外部衔接。这个阶段要弄清整个区域或所分析区域的全部物料进出搬运活动。在这之前，先要考虑所分析区域以外的物料搬运活动，要把区域内具体的物料搬运问题同外界情况或外界条件联系起来考虑。

第二阶段：编制总体搬运方案。这个阶段要确定各主要区域之间的物料搬运方法，对物料搬运的基本路线系统、搬运设备大体的类型以及运输单元或容器做出总体决策。

第三阶段：编制详细搬运方案。这个阶段要考虑每个主要区域内部各工作地点之间的物料搬运，要确定详细物料搬运方法。

第四阶段：方案的实施。任何方案都要在实施之后才算完成。这个阶段要进行必要的准备工作，订购设备，完成人员培训，制定并实现具体搬运设施的安装，以支持后续的实施与管理。

上述四个阶段是按时间顺序依次进行的，为了取得更好的效果，各阶段在时间上应有所交叉重叠。总体方案和详细方案的编制是物流系统规划设计人员的主要任务。

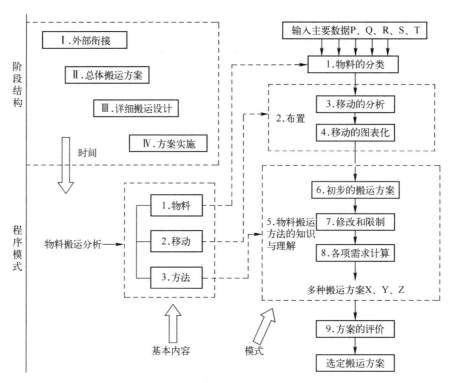

图 6-4 物料搬运系统分析过程

6.2.2 搬运系统设计要素

搬运系统设计要素包含 P、Q、R、S、T 共五项,分别代表物料的产品(Product)、数量(Quantity)、路径(Routing)、支持服务(Support)、时间(Timing)等资料输入。

P、Q、R、S、T 各要素的说明如表 6-1 所示。

表 6-1 物料搬运系统设计五要素

设 计 要 素	影 响 特 征
P 产品(物料、零件、物品)	产品和物料的可运性取决于物品的特性和所用容器的特性。每个工厂都有其经常搬运的某些物品
Q 数量(产量、用量)	数量有两种意义:①单位时间的数量(物流量);②单独一次的数量(最大负荷量)。不管按哪种意义,搬运的数量愈大,搬运所需的单位费用就愈低
P 路径(起点至终点)	每次搬运都包括一项固定的终端(即取、放点)费用和一项可变的行程费用。注意路径的具体条件,并注意条件变化(室内或室外搬运)及方向变化所引起的费用变化
S 支持服务(周围环境)	传送过程、维修人员、发货、文书等均属服务性质,搬运系统和搬运设备都有赖于这些服务。工厂布置、建筑物特性以及储存设施,都属于周围环境,搬运系统及设备都必须在此环境中运行
T 时间(时间性、规律性、紧迫性、持续性)	一项重要的时间因素(即时间性)是物料搬运必须遵循其运行的规律;另一重要因素是时间的持续长度,工作需要持续的时间、紧迫性和步调的一致性也会影响搬运费用

6.2.3 搬运系统分析方法的程序分析

物料分析的基本内容是物料、移动和方法,物料搬运系统分析就是分析所要搬运的物料，分析需要进行的移动和确定经济实用的物料搬运方法。

1. 外部衔接分析

外部衔接是指对已确定系统边界的物流系统，研究物料输入与输出系统的情况，包括物料输入输出工厂系统的方式（运输车辆、装载容器、路线入口等）、频率以及输入输出系统的条件（如时间、道路以及工厂周围环境）等的统计资料，必要时应以统计图表表达。

2. 输入搬运系统设计要素 P、Q、R、S、T

此步骤主要包括系统调研、资料与数据收集工作。

3. 当量物流量计算及物料分类

对于收集到的资料、数据，必须进行适当的分析。系统中的物料很多，并且千差万别，需要根据其重要性（价值和数量）进行分类，一般采用 A、B、C 分类。可绘制出由直方图表示的 P-Q 图，如图 6-5 所示。

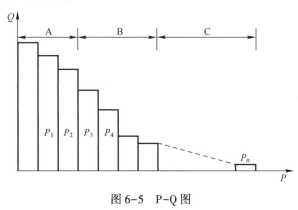

图 6-5 P-Q 图

4. 物流流程分析

物流流程分析的工具有物流路径图、物流流程图和相关分析图。

5. 搬运活动一览表

为了汇总所收集的资料，达到全面了解情况的目的，可采用编制搬运活动一览表的方法。表 6-2 展示了搬运活动一览表的制作方法。

在表 6-2 中，需要对每条路线、每类物料和每项移动的相对重要性进行标定，即 A、E、I、O、U 等级划分。

搬运活动一览表是 SHA 方法中的一项主要文件，因为它把各项搬运活动的所有主要情况都记录在一张表上。

简要地说，搬运活动一览表包含下列 7 个方面的资料。

1）列出所有路线，并排出每条路线的方向、距离和具体情况。

2）列出所有物料类别。

3）列出各项移动（每类物料在每条路线上的移动），包括物流量（每小时若干吨、每周若干件等）、运输工作量（每周若干吨千米、每天若干吨千米、每小时若干千克米等）、搬运活动的具体状况（编号说明）、各项搬运活动相对重要性等级（用元音字母或颜色标定，或两者同时使用）。

4）列出每条路线，包括总的物流量及每类物料的物流量、总的运输工作量及每类物料的运输工作量、每条路线的相对重要性等级（用元音字母或颜色标定，或两者同时使用）。

表6-2 搬运活动一览表

搬运活动一览表用法说明

①填写本表表头各项，标明物流量的计量单位。
②每条路线填一行（注明是单向还是双向），记下路线的距离和具体状态（在左下角说明代号的含义）
③填写各类物料。每类占一栏或两栏，视需要而定。
④按项目重要性填写搬运工作量。每型填写内容包括物流量（必填），物流要求（在本表右下方加以说明和运输工作量。预留地方供以后填写每个物流量的等级。在本表的空白地方对地有关此项目所填写内容加以说明。
⑤合计每条路线的物流量（必要时包括运输工作量）。必要时填写运输工作量。
⑥纵向合计每类物料的物流（量），用元音字母或颜色对每条路线的相对重要性标定等级。用元音字母或颜色对每类物料路线的相对重要性标定等级。
⑦纵向及横向合计，核对无误后，填写物流量和运输工作量的总数。

5）列出每类物料，包括总的物流量及每条路线上的物流量，总的运输工作量及每条路线上的运输工作量，各类物料的相对重要性的等级（用颜色或元音字母标定，或两者同时用）。

6）在整个搬运分析中，总的物流量和总的运输工作量填在右下角。

7）其他资料，如每项搬运中的具体件数。

6.2.4 搬运系统分析方法的图例符号

在SHA中，除了各个区域、物料和物流量用的符号外，还有一些字母符号用于表示搬运路线系统、搬运设备和运输单元。图6-6是一些来表示设备和运输单元的常用的符号或图例。这些路线系统的代号包括直接系统和间接系统，D表示直接型路线系统，K表示渠道型路线系统，G表示中心型路线系统。这些图例都很形象化，易于理解。

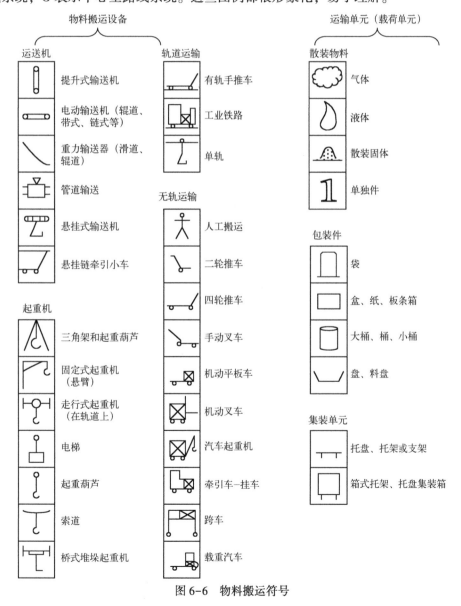

图6-6 物料搬运符号

图例中的通用部件（如动力部分、吊钩、车轮等）是标准化的部件。图例只表示设备的总类型，必要时还可以加注其他字母或号码来说明。

利用这些设备和运输单元的符号，连同代表路线形式的三个字母，即可用简明的"符号语言"来表达每种搬运方法。

6.3 搬运系统分析与设计的过程

物料搬运系统分析的过程包括物料的分类、布置分析、各项移动的分析和移动的图表化，搬运方案的设计与改善、费用的计算等内容。

6.3.1 物料的分类

在选择搬运方法时，最有影响的因素通常是所要搬运的物料。对任何物料搬运问题，首先解决的问题是搬运什么物料。如果只是搬运一种物料，那么要做的是分析这种物料的特性。如果要搬运多种不同的物品，则必须按物料类别进行分类，对同一类的物料采用同一种方式进行搬运。对所有的物料进行分类，既可以简化分析工作，又有助于把问题化整为零，逐个解决。

SHA 的物料分类是根据影响物料可运性（移动的难易程度）的各种特征和影响搬运方法的其他特征进行分类的，通常主要的特征有物理特性、数量、时间等。完成分类后编制物料特征表，如表 6-3 所示。在大多数情况下，可以把所有物品归纳为 8~10 类。

表 6-3 物料特征表

厂名： 项目：
制表人： 参加人： 日期： 第 页，共 页

物料名称	物料实际最小单位	单元物料的物理特征						其他特征			类别
		尺寸/英尺 (in)			重量/磅 (lb)	形状	损伤的可能性（物料、人、设施）	状态（湿度、稳定度、刚度）	数量（产量）或批量	时间性	特殊控制	
		长	宽	高								
1. 钢带	卷	直径24，高1			6~12	盘状	—		少	—		d
2. 空纸袋	捆	28	18	24	48	矩形	易撕破	—	少	—		d
3. 空桶	桶	直径18，高31			35	圆柱形	—		少	—		a
4. 药物	盒	6	6	12	8	矩形	—		很少	—	政府规范	d
5. 油料豆	袋	32	16	8	96	矩形	—		中等	—		c
6. 乳酸	酸坛	24	24	30	42	方形	严重		很少	—		d
7. 黏性油	罐	约1加仑 (gal)			10	圆柱形	怕破裂		少	—		d
8. 浓缩维生素	纸箱	6	12	6	20	矩形	要避热		少	—		d
9. 备件	各种	各种	各种	各种	各种	各种	有些	—	很少	急		d
10. 润滑油	桶	直径12，高18			50	圆柱形	—	油腻	很少			d

注：1 in = 25.4 mm, 1 lb = 0.454 kg, 1 gal = 3.785 L。

6.3.2 布置分析

对物料鉴别并分类后,SHA 的下一步就是对系统布置进行分析,因为布置在很大程度上决定了移动和距离,并影响搬运设备和容器的选择。根据现有的布置制定搬运方案时,路线和距离几乎是已经固定的,没有什么可以更改的空间,但为了达到充分节省费用的目的,有时需要改变布置,所以,往往需要先对搬运和布置进行分析。

物料搬运分析需要从布置中了解的信息主要有以下几点。

1) 每项移动的起讫点(提取和放下的地点)具体位置在哪里?
2) 有哪些路线及这些路线上有哪些物料搬运方法是规划之前确定的?
3) 物料搬进运出和穿过的每个作业区所涉及的建筑特点(包括地面负荷、厂房高度、柱子间距、屋架支撑强度、室内还是室外、有无采暖、有无灰尘等)是什么?
4) 物料运进运出的每个作业区内进行什么工作?作业区内部已有的(或大体规划)安排是什么样的布置?

当进行某个区域的搬运分析时,要取得或先准备好这个区域的布置草图、蓝图或规划图。如果分析一个厂区内若干建筑物之间的搬运活动,则要准备厂区总体布置图;如果分析一个加工车间或装配车间内两台机器之间的搬运活动,则要准备这两台机器所在区域的布置详图。

6.3.3 移动分析

移动分析的主要工作有下列 4 项内容。

1) 收集各项移动分析的资料。在分析各项移动时,需要掌握的资料包括物料的分类、路线的起讫点、搬运路径和具体情况,以及物流量和物流条件。
2) 移动分析方法。目前常用的方法有如下两种。①流程分析法。每次只观察一类物料,并跟随它沿整个生产过程收集资料,必要时要跟随从原料库到成品库的全过程,然后编制出流程图。当物流品种很少或是单一品种时,常采用此法。②起讫点分析法。起讫点分析法又有两种不同的做法,一种是搬运路线分析法,另一种是区域进出分析法。搬运路线分析法通过观察每项移动起讫点来收集资料,编制搬运路线一览表,每次分析一条路线,收集这条路线上移动的各类物料或各种产品的有关资料。区域进出分析法,每次对一个区域进行观察,收集这个区域运进运出的所有物料的资料,每个区域要编制一个物料进出表。
3) 搬运活动一览表。见本章第二小节的相关内容。
4) 各项移动的图表化。图表化是将各项移动的分析结果标注在区域布置图上,达到一目了然的效果。各种移动的图表化是 SHA 模式中的一个重要步骤。

物流图表化的方法有 3 种:物流流程简图、平面布置图上绘制的物流图和坐标指示图,如图 6-7、图 6-8 和图 6-9 所示。

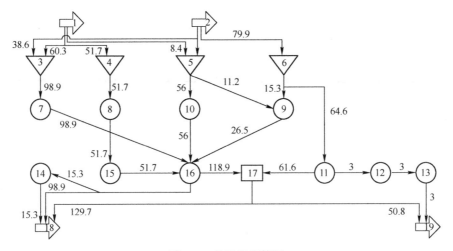

图 6-7 物流流程简图

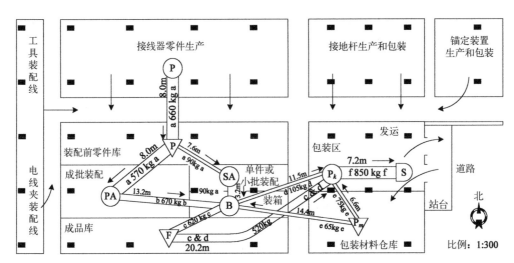

图 6-8 在平面布置图上绘制的物流图

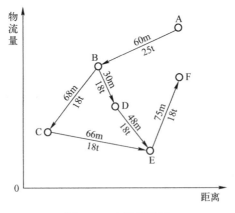

图 6-9 坐标指示图

6.3.4 搬运方案分析

物料搬运方法是物料搬运是物料搬运路线、设备和容器的总和。搬运方案一般是几种搬运方法的组合。

1）物料搬运路线。物料搬运路线分为直达型、渠道型和中心型。①直达型。这种路线上各种物料从起点到终点经过的路线最短。当物流量大、距离短或距离中等时，一般采用这种形式。②渠道型。这种路线上一些物料在预定路线上移动，同来自不同地点的其他物料运到同一个终点。当物流量中等或少量，而距离为中等或较长时，采用这种形式是经济的，尤其对于不规则的分散布置更为有利。③中心型。这种路线上各种物料从起点移动到一个中心分拣地或分拨地，然后再运往终点。当物流量少而距离中等或较远时，这种形式比较经济，对于厂区为方整形且管理水平较高的工厂更为有利。

2）物料搬运设备选择。根据距离与物流量指标来确定设备的类别。例如，量少且距离短的可选择二轮手推车；量大的可采用窄通道带夹具的叉车等复杂搬运设备。

3）容器选择。容器（搬运单元）是物料搬运时的基本装载方式，应根据物料特点和设备来选择运输和搬运单元。

总之，确定搬运的方法是：先确定搬运路线，再选择搬运设备的类别、规格及型号，最后根据物料一览表确定搬运单元。

6.3.5 搬运方案的修改和限制

初步设计的搬运方案要符合实际，切实可行，必须根据实际的限制条件进行修改。进行修改和限制的内容有以下9项。

1）已确定的同外部衔接的搬运方法。
2）既满足目前生产需要，又能适应远期发展或变化。
3）和生产流程或流程设备保持一致。
4）可以利用现有公用设施和辅助设施保证搬运计划的实现。
5）布置方案对面积、空间的限制条件。
6）建筑物及其结构特征。
7）库存控制原则及存放物料的方法和设施。
8）投资的限制。
9）影响工人安全的搬运方法等。

6.3.6 说明和各项需求的计算

按实际条件和限制做出修改后，会出现几个不同的方案，对这些方案要逐个进行说明和计算，其内容包括：每条路线上每种物料搬运方法的说明；搬运方法以外的其他必要的变动说明，如更改布置、作业计划、生产流程、建筑物、公用设施、道路等；搬运设备和人员需求量的计算；投资数额和预期运营费用的计算。

6.3.7 方案评价

方案评价要从几种合理可行的方案中选择最佳的方案，是搬运系统设计的一个决定性步骤，可采用成本费用或财务比较、优缺点比较、因素加权分析法等具体方法。

1) 费用比较或财务比较。费用是经营管理决策的主要依据，因此每个搬运方案必须从费用的角度来评价，要明确每个方案的投资和经营费用。需要的投资包括基本建设费用（物料搬运设备、辅助搬运设备及改造建筑物的费用等）、其他费用（运输费、生产准备费及试车费）及流动资金的增加费用（原料储备、产品储存、在制品储存）；经营费用包括固定费用和可变费用，固定费用包括资金费用（投资的利息、折旧费）和其他固定费用（管理费、保险费、场地租用费等），可变费用包括设备方面的可变费用（电力、维修、配件等）和工资（直接工资、附加工资等）。我们通常需要分别计算出各个方案的投资和经营费用，然后进行分析和比较，从中确定一个最优的方案。

2) 优缺点比较。优缺点比较法是直接把各个方案的优点和缺点列在一张表上，对各方案的优缺点进行分析和比较，从而得到最优方案。

3) 因素加权分析法。多方案比较时，因素加权分析法是评价各种无形因素的最好方法之一。主要有这几个步骤：①列出搬运方案需要考虑或包含的因素；②把最重要的一个因素的加权值定为10，再按相对重要性规定其余各因素的加权值；③标出各比较方案的名称，每一方案占一栏；④对所有的方案的每个因素进行打分；⑤计算各方案加权值，并比较各个方案的总分。

总之，可以根据费用对比和对无形因素的评价，来正确选定搬运方案。

6.3.8 搬运方案的详细设计

详细搬运方案必须与总体搬运方案协调一致，详细设计方案时需要大量的资料、更具体的指标和更多的实际条件，这时需要掌握物料分类、布置和移动分析的详细资料。

在完成总体搬运方案和详细搬运方案的设计后，加上外部衔接和方案的实施两部分，就是SHA阶段构成的完整内容，也是利用SHA方法进行物料搬运系统设计的内涵。

6.4 案例——机械工厂新建装配车间的物料搬运系统设计

机械工厂生产产品种类多，流程复杂。传统车间布置以工艺流程布置为主，生产柔性高，适合多品种小批量的生产方式。

6.4.1 案例背景

根据装配车间的特点及生产管理的需要，新建装配车间物料搬运系统的分析规划包括五个方面的内容：物料分类与集装单元器具规划、工艺平面布置物流分析、装配场地零部件存放区规划、搬运方案设计、投资汇总等。

下面运用物料搬运系统分析的方法，对某机械工厂新建装配车间的物料搬运系统进行详细的分析规划。

6.4.2 案例内容

1. 物料分类与集装器具规划

根据影响物料可行性（运输难易程度）的各种特征，对物料进行分类。物料可运性的各种特征包括物料的形状、尺寸、重量、易损程度,及能否采用同样的容器、同样的搬运方法等。集装单元器具规划是根据物料的外部特征,为每种物料选择适当的集装单元容器。就机械工厂装配车间而言,应以零件能否单元化集装以及单元容器的大小作为分类的依据。

物流分类与集装单元器具规划是实施物流分析规划的基础,因为物料类别直接影响到物料的贮存仓库、搬运设备及在装配场地的存放方式,也影响后续的装配场地物料存放区规划及搬运方案设计。集装单元器具规划原则如下。

1)尽量采用标准的或通用的集装单元,为流通创造条件,提高利用率。
2)为便于集装单元器具存放和堆码,其外形尺寸应符合一定的模数关系。
3)应保证较高的满载率,一般应达到70%~80%。
4)根据零件的易损程度,必要时采用防磕碰措施,保证零件质量不受损害。
5)分类与规划结果形成文件,记录物料的名称、代号、特征、类别、集装器具代号、存放件数、重量等内容。

通过对物料特征调查分析,将该厂进入装配车间的864种零部件分为A、B、C三大类。采用盒子存放的小件标准件为A类;采用托盘货箱存放的为B类;不能采用集装单元器具的为C类。最后规划了11种通用集装单元器具,9种专用集装器具,并记录每种零件的名称代号、物料特征、类别、集装器具代号、存放件数、重量、码盘示意图、质量安全保护措施等内容,分类与规划结果记入《物料分类与集装器具规划统计表》,如表6-4所示。

表6-4 物料分类与集装器具规划统计表

物料类别	集装器具	存放零件的种数	零件总数百分比/%
A、B	通用容器	214	25
	通用托盘	540	62.5
	专用托盘	100	11.4
C	不放器具	10	1.1

2. 车间平面布置与物流分析

工艺平面布置与物流分析表明装配车间整体布置合理。第一,体积大、重量大、物流量大的零部件装配工位距离仓库很近,距离仓库较远的总装线上装配的绝大部分是小件;第二,总装线走向合理,最后装配试车的位置靠近成品发货台;第三,装配车间仓库靠近机加工车间,且道路顺畅;第四,车间内有足够的通道,为零部件的运输提供了保证。但是,有些装配区面积很大,有的则很小,有的零件存放区叉车、吊车均无法靠近,没有形成环行通道,且道路较窄,不便叉车作业。

3. 装配场地零部件存放区规划

1)装配工位上零部件存放期量推土机的生产批量按10台/天考虑,零件存放量至少满足1天的装配需要。

① A类零件。非标件存放量统一为5天,标准件为15天,这类零件存放在装配区货架上。

② B类零件。大件存放量满足1天的需要,中小件存放量不少于1托盘或1货箱的容量。

③ C类零件,这类零件体积很大,除机架以外,存放量均满足1天需要。为了减少吊

装次数，并保持机架清洁度，机架连同拖挂车一起存放于装配区，存放量4件。

每种零件的存放量及存放地点均记入《大件、中等件搬运路线表》及《小件搬运路线表》的"终点"栏内。

2) 工艺平面布置的修改有如下三个方面。

① 半轴压床及与之相连的输送辊道向南平移1000 mm，使原来半轴的两个存放区及机架的两个存放区分别合并为一个。

② 总装线向北平移500 mm，以增加通道宽度，方便车辆通行与转弯。

③ 为满足会车、调头及叉车直角堆垛的需要，部装区所有通道及总装线南侧主通道加宽50 m，使所有通道宽度均达到3000 m。

4. 搬运方案设计

1) 运输车辆配置。A类、C类零件采用电瓶车运输，B类零件采用叉车运输。

2) 提高运输车辆满载率。提高运输车辆满载率是降低搬运费用、提高效率的有效途径，采取如下三项措施。

① 考虑到电瓶车的额定负荷及装卸运输的安全方便，除前保护板每车运4件以外，其他大件每车运2件。

② 托盘货箱装载的零部件采用叉车运输，每次2托盘或2货箱。若某种零件的托盘数不成双，则应与运输时间相同且地点接近的零件组合，保证每次2托盘。

③ 盒子存放的小件标准件，采用一次由一个仓库向多个装配点发货的方式组织运输，使电瓶车满负荷运行。

3) 运输方案设计。下面简要介绍B类、C类零件运输方案设计的方法步骤。

① 按运输周期长短将零件分为8类，如表6-5所示。

表6-5 运输方案设计分类表

类 别	1	2	3	4	5	6	7	8
运输周期/天	1	2	3	4	5	6、12	7、14	10、20、30

② 对每类零件再进行分组，同类零件每组的运输次数、运输时间尽可能相等。

第1类零件分为1个组A1，大件运输时间69.3分钟/天，托盘货箱运输时间277.9分钟/天。

第2类分为A2、B2两个组，运输时间大约各75分钟/天。

第3类分为A3、B3、C3这3个组，运输时间大约各30分钟/天。

第4类分为A4、B4、C4、D4这4个组，运输时间大约各15分钟/天。

第5类分为A5、B5、C5、D5、E5这5个组，运输时间大约各5分钟/天。

第6类分为A6、B6、C6、D6、E6、F6这6个组，运输时间大约各7分钟/天。

第7类分为A7、B7、C7、D7、E7、F7、G7这7个组，运输时间大约各7分钟/天。

第8类分为A8、B8、C8、D8、E8、F8、G8、H8、I8、J8这10个组，运输时间大约各5分钟/天，各搬运1次。

分类分组的结果记入《运输方案及运输时间统计表》，包括各类各组零件名称、代号、容器、贮存仓库、装配区存放地、存放量、每次运输量、运输时间及运输次数等内容。具体运输方案如表6-6所示。

表 6-6 运输方案表

类别	各组零件每天运输时间/分钟（min）									
	1	2	3	4	5	6	7	8	9	10
1	A_1 347.2	A_1 347.2	A_1 347.2	A_1 347.2	A_1 347.2	A_1 347.2	A_1 347.2	A_1 347.2	A_1 347.2	A_1 347.2
2	A_2 72.3	B_2 78.7	A_2 72.3	B_2 78.7	A_2 72.3	B_2 78.7	A_2 72.3	B_2 78.7	A_2 72.3	B_2 78.7
3	A_3 25.9	B_3 25.1	C_3 25.5	A_3 25.9	B_3 25.1	C_3 25.5	A_3 25.9	B_3 25.1	C_3 25.5	A_3 25.9
4	A_4 14.2	B_4 15.6	C_4 14.3	D_4 16.3	A_4 14.2	B_4 15.6	C_4 14.3	D_4 16.3	A_4 14.2	B_4 15.6
5	A_5 6.3	B_5 3.8	C_5 4.2	D_5 5.2	E_5 3.4	A_5 6.3	B_5 3.8	C_5 4.2	D_5 5.2	E_5 3.4
6	A_6 6.9	B_6 8.3	C_6 7.3	D_6 7.1	E_6 6.8	$F6$ 8.2	A_6 6.9	B_6 8.3	C_6 7.3	C_6 7.3
7	A_7 7.4	B_7 6.4	C_7 10.0	D_7 8.2	E_7 7.5	F_7 7.5	G_7 8.5	A_7 7.4	B_7 6.4	C_7 10.0
8	A_8 5.2	B_8 3.4	C_8 5.8	D_8 4.2	E_8 6.2	F_8 3.8	G_8 5.9	H_8 9.8	I_8 7.7	J_8 7.3
时间合计	485.4	488.5	486.6	492.6	482.7	492.8	484.8	497	485.8	495.2

③ 方案评价

经过上述分类分组，每天从每类零件中选出一组运输，就可以保证当天的运输时间、次数基本相等，实现均衡运输。表 6-6 中的纵列表示每天要运输的零件及运输每组零件的时间，"时间合计"一栏表示每天的运输时间。

可以看出运输时间最长 497 分钟，最短 482.7 分钟，相差约 14 分钟，相对误差仅 2.9%，完全可以满足均衡运输的要求。

4）运输工作量统计及设备选用。为统计运输工作量，采用如下几种统计表：《大件、中等件搬运路线表》《小件搬运路线表》《通道物流量统计表》《搬运活动汇总表》《标准件搬运路线表》及《运输方案及运输时间统计表》。并且绘制出"装配车间物流图"。通过这些表可以统计出每类零件每天的运输工作量、运输时间、通道物流强度等，为设备选用做好准备。

① 运输时间次数的计算如下。

从《搬运活动汇总表》可得出，A 类零件每天运输时间为 120 分钟，运输量为 173 盒。

从《搬运方案及运输时间统计表》得出，B 类零件运输时间为 454 分钟/天，运输次数为 141 次/天，数量为 256 托盘（货箱）/天。

C 类零件运输时间为 69.3 分钟/天，运输次数为 23 次/天。

② 运输设备的选择。根据上述各类零件的运输时间，并考虑停滞及季节性原因另加 80%，所需设备如下。

电瓶车：2 台（备用一台）。

搬运大件的拖挂车（3500 m×1200 m）：3 辆。

搬运小件的拖挂车（2300 m×1200 m）：1 辆。

1 吨叉车：2 辆。

2 吨叉车：1 辆。

5) 通道物流强度的计算，主要考虑如下几个方面的内容。

① 根据《搬运活动汇总表》统计出各条通道的物流量，如表 6-7 所示。

表 6-7 通道物流量统计表

通道	经1	经2	经3	经4	经5	经6	经6A	经6B	经7	经8	纬2	合计
托盘/天	14.4	36.9	29.7	14.8	7.5	63.8	27.5	7.8	2.5	21	25.1	251
盒/天	64	16.1	12.9	11.7	10.3	36.8	5.5	7.7	1.2	6.6		172
车次/天	7.2	24.2	18.9	8.4	3.8	32.4	13.8	3.9	1.2	10.5	35.6	159.9

② 通道运输能力

通道运输能力是指一条通道上每天能够通过的车辆次数。为了避免车辆"碰头"，计算通道运输能力时，假定不能同时有两辆以上车辆在同一条通道上行驶。所有通道中，经 1 路最长，运输能力最低；所有物流量经过纬 2 路，其物流量最大。对这两条通道进行校核，经计算可知，经 1 路运输能力为 72 车次/天，纬 2 路运输能力为 180 车次/天，对照表 6-5 可知，这两条通道的运输能力均大于其物流量，满足要求。此外，还校核了车间入口处的物流强度。

6.4.3 案例总结

详细的物流分析规划是一个非常复杂的过程，要处理的数据、表格相当多，因此必须与计算机相结合，充分发挥计算机容量大、运算速度快的特点，把物流分析技术提高到一个新的水平。

本章小结

SHA 作为一种系统分析方法，虽然设计过程繁杂，但能够设计合理、高效、柔性的物料搬运系统，从而压缩库存资金占用，缩短物料搬运所占时间，从而降低场内物流成本。因此搬运系统设计好坏对制造企业非常重要。

本章习题

1) 物料搬运中，为什么要强调单元化和标准化？
2) 请说明物料搬运系统设计和设施布局设计之间的逻辑关联性。

第 7 章　仓储设施规划

学习目标
- 了解现代仓储的任务、功能及目标。
- 掌握传统库存管理方法。
- 理解现代库存管理方法。
- 掌握仓库设施规划的过程。
- 能够对仓库进行设施规划。

要掌握仓储设施规划的方法，首先要了解现代仓储的概念，库存管理方法，之后学习了解仓库设施规划的具体过程。

7.1 现代仓储的任务、功能及目标

储存存在于任何社会形态中，对于停滞的物资，在没有进入生产加工、消费、运输等活动之前或在这些活动结束之后，总是要存放起来，这就是储存。这种储存不一定在仓库中，可能在任何位置，也可能永远进入不了再生产和消费领域。我们把在仓库中的储存称为仓储。

7.1.1 现代仓储的任务

不论是在流通领域，还是在企业运营管理及经济建设中，现代仓储都起着举足轻重的作用，学习仓储管理有助于对物流整体流程的把握。现代仓储的任务包括以下几个方面。
1) 合理规划仓储设施网络。
2) 合理选择仓储设施设备。
3) 严格控制商品进出质量。
4) 认真保管在库商品。
5) 保证仓库高效运作。
6) 降低仓储运营成本。
7) 确保仓库运行安全。

7.1.2 现代仓储的功能

现代仓储的功能主要包括以下几方面。
1. 现代仓储在经济建设中的作用
1) 现代仓储是保证社会再生产顺利进行的必要条件。
2) 现代仓储是国家满足急需特需的保障。
2. 现代仓储在流通领域中的作用
1) 仓储是平衡市场供求关系、稳定物价的重要条件。

2）仓储是物资供销管理工作的重要组成部分。
3）现代仓储是保持物资原有使用价值的重要手段。

3. 现代仓储管理在企业经营中的作用

在采购、生产、销售的不断循环过程中，仓储可以调节各个环节之间由于供求品种及数量的不一致而发生的变化，使采购、生产和销售等企业经营的各个环节连接起来，起到润滑剂的作用。

7.1.3 现代仓储的目标

现代仓储的目标可以概括为以下四方面。

1. 以时间换空间

以时间换空间是指仓储的作业速度要快，仓储的作业速度越快，需要的空间就越小。

2. "多快好省"的目标优化

"多快好省"的具体含义包含 5 个方面。

1）快速进货——接运、验收、入库。
2）快速出货——备货、出库、托运。
3）多储存——单位面积储存量/利用率。
4）保管好——保管期内质量完好、数量准确。
5）省费用——货物吞吐各环节节省人、物、财力。

3. 堆码的"12字方针"

1）合理——分区堆码、大不压小、重不压轻。
2）牢固——堆码稳固、不偏不倚、不歪不倒。
3）定量——每层同量、数标清楚、便利盘点、发货。
4）整齐——仓容整洁、纵看成列、横看成行。
5）节约——一次堆码成型，节省人力消耗。
6）方便——便于装卸搬运、验货盘点等仓储作业。

4. 装卸、入库、保管、出库注意事项

（1）装卸注意事项

1）最少的装卸搬运次数。
2）缩小搬运的移动距离。
3）汇集定量，后用托盘，以最大限度减少货物的损耗或散失。
4）应用机械装卸搬运，减少繁重体力劳动，提高作业效率。

（2）入库注意事项

1）单货相符——单证上的信息与货物信息一致。
2）验货入库——精确、勤快，要多看两眼，这是仓储管理人员应有的习惯。
3）批次清楚——每票货进来要记得清清楚楚，货从哪里来、什么时间进来、哪个批次进来，便于追查。
4）手续完整——手续要完整，单证都要填齐。

（3）保管注意事项

1）货位选择——分区、分类。

2）合理堆码——"角相对、面成线、留五距"（"五距"指灯、顶、柱、垛、墙）。

3）一垛一卡——每一堆货都有一个卡，名称为吊卡或货卡，记录商品编号、入库时间、作业班组等。

4）签发单证——当天签发储存凭证，及时进行账务处理。

5）勤复核——"日清月结季盘点，账、卡、货物总相符，刮风下雨勤检护，防火防盗保平安"。

（4）出库注意事项

1）不多发。

2）不少发。

3）不错发。

4）单证齐全。

7.2 库存管理的方法

库存在整个供应链中"供应商——采购""采购——生产""生产——营销""分销——零售""零售——消费者"等不同的环节之间起缓冲的作用。

库存过多也会给企业带来不利影响，这些影响主要表现在三个方面，如图7-1所示。

图7-1 库存弊端的三方面

库存管理的主要功能就是在供应和需求之间进行时间调整，如图7-2所示。

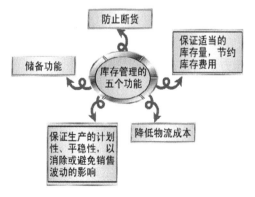

图7-2 库存管理的五个功能

库存管理涉及库存各个方面的管理，库存管理的目标是防止超储和缺货，在企业现有资源约束下，以最合理的成本为用户提供所期望水平的服务，即在达到顾客期望的服务水平的前提下，尽量将库存成本减少到可以接受的水平。

为了更好地管理库存，实现安全库存量与成本之间的平衡，可以采用多种管理方法。

7.2.1 传统库存管理方法

传统库存管理方法有以下几种。

1. ABC 库存分类管理法

ABC 库存分类管理法的基本思路是：将企业的全部存货分为 A、B、C 三类，将金额高的 A 类物资作为管理重点加强管理与控制；按照通常的方法对 B 类物质进行管理和控制；C 类物资品种数量繁多，但价值不大，可以采用最简便的方法加以管理和控制。

2. 经济批量法（EOQ）

经济批量法是确定批量和生产间隔期时常用的一种以量定期方法，是根据单位产品支付费用最小原则确定批量的方法。

3. 订货点库存法

订货点是用来明确启动补给订货策略时的货品单位数。一旦存货量低于订货点即补给订货。当需求量或完成周期存在不确定性的时候，须使用合适的安全库存来缓冲或补偿不确定因素。

$$订货点 = 采购提前期消耗量 + 安全库存$$

4. CVA（Critical Value Analysis）分类法

CVA 分类法是在存货管理中引入关键因素分析，把存货按照关键性分类，并分别加以管理的方法。CVA 分类法的基本思想是将库存品按照关键性分成 3~5 类，对不同类型的库存品采取不同的管理方式。

CVA 分类法比 ABC 库存分类管理法具有更强的目的性，但 CVA 分类法必须建立在企业对客户进行详细分类管理的基础上。

7.2.2 现代库存管理方法

现代库存管理在传统库存管理方法的基础上，结合现代管理手段和技术，开创了准时生产制库存管理方法、供应商管理库存、联合库存管理等一系列更高效的管理方法。

1. 准时生产制库存管理方法（JIT）

JIT 的基本原理是以需定供、以需定产，即供方（上一环节）根据需方（下一环节）的要求，按照需求方的品种、规格、质量、数量、时间、地点等要求，将生产物资或采购物资，不多、不少、不早、不晚且质量有保证地送到指定地点。

看板管理是 JIT 生产方式中最独特的部分，是 JIT 生产现场控制技术的核心，它将传统生产过程中前道工序向后道工序送货，改为后道工序根据"看板"向前道工序取货。

2. 供应商管理库存（Vendor Managed Inventory，VMI）

供应商管理库存是一种在供应链环境下的库存运作模式，本质上，它将多级供应链问题变成单级库存管理问题。相对于按照用户订单进行补货的传统做法，VMI 以实际或预测的消费需求和库存量，作为市场需求预测和库存补货的解决方法，即由销售资料得到消费需求信息，供货商可以更有效地计划、更快速地反应市场变化和消费需求。

3. 联合库存管理（Jointly Managed Inventory，JMI）

联合库存管理（Jointly Managed Inventory，JMI），是一种在VMI的基础上发展起来的上游企业和下游企业权利责任平衡和风险共担的库存管理模式。联合库存管理强调供应链中各个节点同时参与，共同制定库存计划，使供应链过程中的每个库存管理者都从相互之间的协调性考虑，保持供应链各个节点之间的库存管理者对需求的预期保持一致，从而消除了需求变异放大现象。

4. 物资需求计划（MRP）

物资需求计划根据产品结构中各层次物品的从属和数量关系，以每个物品为计划对象，以完工日期为时间基准倒排计划，按提前期长短区别各个物品下达计划时间的先后顺序，是一种工业制造企业内物资计划管理模式。MRP是根据市场需求预测和顾客订单制定产品的生产计划，然后基于产品生成进度计划，组成产品的材料结构表和库存状况，通过计算机计算所需物资的需求量和需求时间，从而确定材料的加工进度和订货日程的一种实用技术。

小知识：MRP、MRPⅡ、ERP的关系

物资需求计划（Material Requirement Planning，MRP）是设计用于制造业库存管理信息处理的系统，它解决了如何实现制造业库存管理目标——在正确的时间按正确的数量得到所需的物资这一难题。

制造资源计划（Manufacturing Resource Planning，MRPⅡ）以生产计划为中心，把与物料管理有关的产、供、销、财各个环节的活动有机地联系起来，形成一个整体，进行协调，使它们在生产经营管理中发挥最大的作用。其最终的目标是使生产保持连续均衡，最大限度地降低库存与资金的消耗，减少浪费，提高经济效益。从MRP发展到MRPⅡ，是对生产经营管理过程的本质认识不断深入的结果，体现了先进的计算机技术与管理思想的不断融合，因此MRP发展为MRPⅡ是一个必然的过程。

企业资源计划（EnterpriseResourcePlanning，ERP）是从制造资源计划MRPⅡ发展而来的新一代集成化企业资源管理系统，它扩展了MRPⅡ功能。ERP对MRPⅡ的扩展向着三个方向延伸：横向的扩展——功能范围的增加，从供应链上游的供应商管理到下游的客户关系管理；纵向的扩展——从低层的数据处理（手工自动化）到高层管理决策支持（职能化管理）；行业的扩展——从传统的以制造业为主到面向所有的行业。

总体来说，MRP、MRPⅡ、ERP是一脉相承的发展过程，是对制造业信息化管理的不断深化的过程。

7.3 仓库设施规划过程

仓库是用来储存存货、进行流通加工或转运等活动的物流设施。仓库设施规划是物流系统设计的重要内容，好的规划与落实执行，可以有效提高储存空间利用率、降低物品搬运风险、提升仓库作业人员生产效率。

7.3.1 仓库设施规划内容

仓库设施规划主要包括以下四个方面的内容。
1) 仓库库区平面规划设计。
2) 仓库建筑类型及规模的确定。
3) 仓库设备类型及数量的确定。
4) 仓库技术作业流程的确定。

仓库设施规划后，应形成布局图，其中包含作业区域布置、作业区域面积、作业区域内设备选用与数量，如图7-3所示。

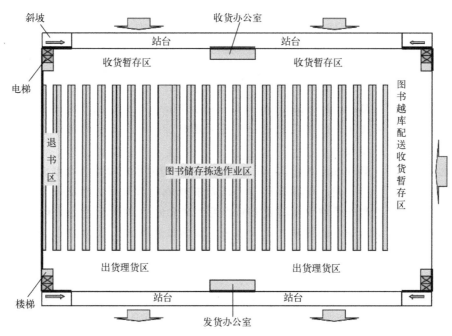

图7-3 出版物流交易中心仓库布局图

7.3.2 仓库面积确定

仓库面积的确定方法如下。

1. 实用面积

实用面积指仓库中货垛或货架占用的面积。
1) 计重物品就地堆码。实用面积按仓容定额计算，公式为：

$$S_{实} = Q / N_{定}$$

式中 $S_{实}$——实用面积（平方米）。

Q——该种物品的最高储备量（吨）。

$N_{定}$——该种物品的仓容定额（吨/平方米）。

2) 计件物品就地堆码。实用面积按可堆层数计算。

$$S_\text{实} = 单件底面积 \times \frac{总件数}{可堆积层数}$$

3）上架存放物品。上架存放物品要计算货架占用面积，公式为：

$$S_\text{实} = \frac{Q}{(l \cdot b \cdot h) \cdot k \cdot r} \cdot (l \cdot b) = \frac{Q}{h \cdot k \cdot r}$$

式中：$S_\text{实}$——货架占用面积（平方米）。

Q——上架存放物品的最高储备量（吨）。

l, b, h——货架的长、宽、高（米）。

k——货架的容积充满系数。

r——上架存放物品的容重（吨/立方米）。

2. 有效面积

有效面积指仓储作业占用面积，为下列面积之和。

1）实用面积。

2）通道面积。

3）检验作业场地面积。

例 7-1 现准备设计建造一座仓库，预测年物料入库量 2000 吨，平均物料储备天数为 120 天，有效面积上的平均荷重 1.2 吨/平方米，仓库面积利用系数为 0.4，需要建面积多大的仓库？

解：

平均储存量 = 2000×120/365 = 657.53（吨）

有效面积 = 657.53/1.2 = 547.95（平方米）

总面积 = 547.95/0.4 = 1369.86（平方米）

例 7-2 某仓库近期有 8400 件显示器将要入库，单件外形尺寸为 60 cm×60 cm×60 cm，重 50 公斤，外包装上表示的堆码极限为 6，问需要为此批货物准备多大的货位？其储存定额是多大？若该批货物全部存放在一个使用面积为 650 平方米的仓库中，问该仓库的面积利用率和储存该物资的有效容积为多大？

解：

该批货物需要堆放垛数 = 8400/6 = 1400（垛）

每垛占有面积 = 0.6×0.6 = 0.36（平方米）

共需货位面积 = 0.36×1400 = 504（平方米）

总重量 = 8400×0.05 = 420（吨）

储存定额 = 420/504 = 0.833（吨/平方米）

面积利用率 = 504/650 = 77.54%

有效容积 = 504×0.6×6 = 1814.14（立方米）

7.3.3　划分仓库区域

仓库一般可分为储货区、拣货区、入库暂存区、出库暂存区、办公区等。在各区域之间应预留安全通道，在货架之间应预留工作通道。

1. 仓库规划应遵循的原则

1) 储存的物品及作业人员运动距离最小化。
2) 面积和空间利用率最大化。
3) 方便作业，有利于提高作业效率。
4) 有利于作业时间的充分利用和作业环节的有机衔接。
5) 有利于充分发挥设备的效能。
6) 有利于人员、设备的安全。

2. 安全通道

安全通道是指在发生紧急情况时，为保证工作人员安全撤离而预留的空间。

1) 安全通道与安全出口相连。
2) 安全通道的最小宽度要大于 0.8 米。
3) 任何人员可到达的区域到最近的安全出口的距离不得超过 50 米。
4) 如果通道是死胡同，则（3）中的距离不得超过 25 米。
5) 如果库存物是易燃物品，则（3）中的距离不得超过 10 米。
6) 安全通道用橘红色标出。
7) 任何时间都不得在安全通道上放置任何物品。

3. 工作通道

工作通道是为保证装卸、拣选设备正常作业而预留的空间。工作通道的宽度视采用的设备而定，在单台设备通行的情况下，可根据以下几种情况设置。

1) 采用自动堆垛机的，工作通道宽度：1.4 米。
2) 采用三向叉车的，工作通道宽度：1.8 米。
3) 采用前移式叉车的，工作通道宽度：2.8 米。
4) 采用平衡重式叉车的，工作通道宽度：4.5 米。

4. 仓库货位的布置

对整个仓库进行分区后，下面需要设置货位。货位是指仓库中货物存放的具体位置，在库区中按地点和功能进行划分，来存放不同类别的货物。

7.3.4 仓储设备选择

在选择仓储设备时，主要从仓储机械的技术指标和经济指标综合分析评价。仓库主要设备包括储存设备、搬运设备、输送设备、分拣设备、容器及流通加工设备等。

仓储设备的方案评估与选择流程如图 7-4 所示。

1. 选择货架应综合考虑的因素

货架的选择，需要考虑多方面的因素，如图 7-5 所示。

2. 装卸搬运设备的选择依据与方法

装卸搬运设备选择的依据主要有：1）作业性质；2）作业运动方式；3）作业速率；4）作业对象体形及重量；5）搬运距离。

若以搬运距离为横轴，物流量为纵轴，则搬运设备的选择方法如图 7-6 所示。

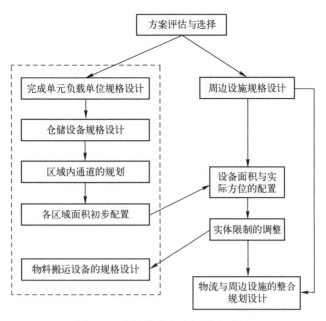

图 7-4 仓储设备方案评估与选择

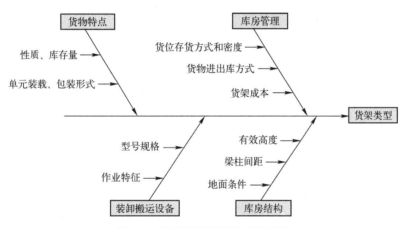

图 7-5 选择货架需要考虑的因素

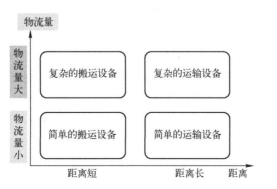

图 7-6 距离、物流量对搬运设备选择的影响

7.4 案例——VMI 在联想集团的应用

生产仓库是为保证企业生产正常进行而在生产领域内建立的仓库,包括生产用原料仓库,半成品、在制品和产成品仓库。这类仓库主要用于储备生产用的各种原料、材料、设备、工具以及存放在生产过程中处于各生产阶段之间的半成品和在制品,或存放生产企业已经制成并经检验合格的产成品。供应商管理库存(Vendor Management Inventory,VMI)作为一种新型的库存管理策略,充分体现供应链管理的集成思想。这种思想的贯彻实施,依赖于科学合理的 VMI 合作模式的设计,如何设计 VMI 合作模式并成功应用是一个重要的研究课题。

7.4.1 案例背景

联想集团的计算机年销量达 300 多万台,其业务规模已完全达到了 VMI 模式的要求。在国内 IT 企业中,联想是第一个尝试 VMI 的企业,其在北京、上海、惠阳三地的 PC 生产厂的原材料供应均在项目之中,涉及的国外供应商的数目也相当大。联想集团最终选择了伯灵顿全球货运物流有限公司作为第三方物流企业,这家 1994 年进入中国的美国物流公司目前在上海、厦门为戴尔、惠普等知名 IT 企业提供第三方物流服务。

7.4.2 案例内容

联想以往运作模式是国际供应链管理常用的看板式管理模式,即由香港联想对外定购货物,库存都放在香港联想仓库,当国内生产需要时再由香港公司销售给国内公司,根据生产计划调拨到各工厂,这样可以最大限度地减少国内材料库存。但是此模式经过约 11 个物流环节,涉及多达约 18 个内外部单位,运作流程复杂,不可控因素较多。同时,由于订单都是从香港联想发给供应商,所以大部分供应商在香港交货,而联想的生产信息系统只应用在大陆的公司,所以生产厂统计的到货准时率不能真实反映供应商的供货水平,不能及时调整对供应商的考核。

供应商管理库存(VMI)是一种以用户和供应商双方都获得最低成本为目的,在一个共同的协议下由供应商管理库存,并不断监督协议执行情况和修正协议内容,使库存管理得到持续地改进的合作性策略。

按照联想集团 VMI 项目要求,联想集团将在北京、上海、惠阳三地工厂附近设立供应商管理库存,联想集团根据生产要求定期向库存管理者(即作为第三方物流的伯灵顿全球货运物流有限公司)发送发货指令,由第三方物流公司完成对生产线的配送。联想的 VMI 的实施通过三个步骤进行。

1) 由第三方物流伯灵顿全球货运物流有限公司管理库存,并负责分拣、海关申报及配送到生产线。

2) 海关通关作业系统、保税仓库管理系统与联想集团、第三方物流企业间的电子商务平台建立连接,实现物流信息的共享。

3) 请北京海关参与并指导联想集团对供应商管理库存模式的管理,改革传统的监管作业模式,使通关、担保验放更为便捷。

通过 VMI 的实施，联想内部业务流程得到精简，库存更接近生产地，增强供应弹性，更好地响应市场需求变动，改善库存回转，进而保持库存量的最佳化，减少企业占压资金，实现可视化库存管理，能够在线上监控供应商的交货能力。

从收到通知，到确认、分拣、海关申报及配送到生产线，时效要求为 2.5 小时。该项目实现了供应商、第三方物流、联想集团之间货物信息的共享与及时传递，保证了生产所需物料的及时配送，最终使联想集团物流速度加快，时效缩短，供应链大大缩短，成本降低，灵活性增强。

7.4.3 案例总结

供应商管理库存（VMI）是一种现代化的库存管理手段，通过消除供应商和客户之间库存数据不透明所带来的信息不对称，进一步降低库存成本，提高企业效益。联想 VMI 项目案例告诉我们，仓储在企业生产中占有重要地位，库存管理的好坏关系到企业生产成本的高低，做好库存管理是企业管理的核心内容之一。

本章小结

通过学习本章，理解现代仓库仓储的任务、功能及目标，掌握现代库存管理的方法，能够使用新的方法解决实际问题。理解仓库的设施规划的过程，能够以小组为单位，完成特定案例的前期调研、分析、仓储规划并形成规划方案与报告。

本章习题

1）叙述仓库规划的过程。
2）如何确定仓库面积？
3）前往某企业，观察该企业仓库的布置，应用所学知识对现有布置进行分析。

第8章 物流系统分析的仿真方法

学习目标
- 了解计算机仿真的基本概念。
- 理解离散系统的概念。
- 掌握 Flexsim 和 Vensim 仿真软件建模、仿真的方法。

系统仿真是伴随计算机技术的发展而逐步形成的一门新兴学科。最初,仿真技术主要用于航空、航天、原子反应堆等价格昂贵、周期长、危险性大、实际系统试验难以实现的少数领域,后来逐步发展到电力、石油、化工、冶金、机械等一些主要工业部门,并进一步扩大到社会系统、经济系统、交通运输系统、生态系统等一些非工程系统领域。

8.1 系统仿真概述

现代系统仿真技术和综合性仿真系统已经成为任何复杂系统,特别是高技术产业不可缺少的分析、研究、设计、评价、决策和训练的重要手段。其应用范围在不断扩大,应用效益也日益显著。

8.1.1 仿真的概念

随着科学技术的进步,尤其是信息技术和计算机技术的发展,"仿真"的概念不断得以发展和完善,因此给予仿真一个清晰和明了的定义是非常困难的。但通常的系统仿真是指用计算机对一个系统的结构和行为进行动态的模拟,以评价或预测系统的行为效果,为决策者提供必要的参考信息。用于仿真的系统模型可以是数学模型、物理模型等。显然,针对不同的模型,有不同的仿真方式。系统可以分为连续系统和离散系统两大类,这两类系统的运动规律差异很大,描述其运动规律的模型也有很大的不同,因此,相应的仿真方法也不同,分别对应为连续系统仿真和离散系统仿真。

计算机仿真是指应用电子计算机对系统的结构、功能和行为以及参与系统控制的人的思维过程和行为进行动态性比较逼真的模仿。计算机仿真是一种描述性技术和定量分析方法。通过建立某一过程或某一系统的模式,来描述该过程或该系统,然后用一系列有目的、有条件的计算机仿真实验来刻画系统的特征,从而得出数量指标,为决策者提供关于这一过程或系统的定量分析结果,作为决策的理论依据。

需要进行系统仿真的原因如下。

1)仿真可以在真实系统建立起来之前,预测其行为效果,从而从不同结构或不同参数的模型的结果比较之中,选择最佳模型。

2)在真实系统上进行的实验会造成巨大的破坏和损失,而通过仿真,可以重复进行试验,并可以控制参数,具有时间短、代价小的优点。

3)有些系统在一次运行后无法恢复到初始状态,因而需要采用仿真方法进行重复试验。对于随机性系统，可以通过大量的重复试验，获得其平均意义上的特性指标。

4）对于某些难以获得实验条件的系统，仿真方法方便快捷。对于缺少解析表示的系统，或虽有解析表示但无法精确求解的系统，可以通过仿真获得系统运行的数值结果。

8.1.2 仿真模型

仿真模型是仿真的核心内容，好的仿真模型能够更真实地反映真实系统的特性。

1. 模型的定义

模型（Model）是一个系统的、物理的、数学的或其他方式的逻辑表述，它以某种确定的形式（如文字、符号、图表、实物、数学公式等）提供关于系统的知识。

2. 建立模型的原则

1）清晰性。仿真模型应能清晰表达现实世界系统的结构、内在的逻辑关系等，以便于研究者分析。一个复杂的系统通常包含多个子系统，应为各个子系统分别建立模型，且各子系统之间只保留必要的联系，从而使系统尽可能简化。

2）相关性。模型中只包含与系统相关的信息，剔除非必要信息。某些信息在系统中是可有可无的，就应该将其剔除，否则会增加系统的复杂度，使系统分析变得困难。例如，车辆调度系统模型中关注车辆吨位、位置、路线等信息，而车辆颜色等信息则是非必要的。

3）准确性。建立系统模型时，所收集的信息应准确，适用理论应正确，模型假设应合理，否则所建立的模型将不能准确反映真实系统的特征。

4）可辨识性。系统的模型必须有确定的描述或表示方式，在这种描述方式下，与系统性质相关的参数必须有唯一确定的解。

5）集合性。系统是由若干相互依赖、相互作用的元素组成的集合，因此具有集合性。模型中元素的行为的集合表现为系统行为的变化。

3. 系统模型的分类

系统模型是在对现实世界进行抽象的基础上建立的，依据抽象程度不同，仿真模型可以分为实物模型、图式模型、模拟模型、数学模型四种类型，它们之间的对比如图8-1所示。

图8-1 各种模型特性比较

实物模型是依据现实世界的形态用缩小的实物搭建的一种直观的模型，如沙盘等。图式模型是将现实世界中的实体抽象为图形符号，通过这些符号之间的逻辑关系表达现实世界实体之间逻辑关系的模型。模拟模型使用仿真软件建立现实世界的抽象模型，然后使用计算机进行模拟运算，从而得出一些在现实世界中难以实现的条件下的模拟结果。数学模型则是在对现实世界高度抽象的基础上，采用数学表达式建立目标函数和约束条件，通过数学运算得出目标函数的最优解，从而对现实世界中的问题进行求解。

由图8-1可以看出，这四种模型从左至右抽象程度越来越高、分析速度越来越快，而实用性、费用和调整难度则逐渐降低。其中实物模型因为要建立物理实体，因而对现实世界的表达最真实,但建造费用最高,且一旦建成后难以进行调整。数学模型因其是在大量的假设条件的基础上建立的,模型简洁,但抽象程度高,通常只能从一个角度对现实世界进行分析,不能全面表达现实世界的真实情况。图式模型和模拟模型介于两者之间,抽象程度和调整的难易度、费用等适中,易于计算机仿真,因此越来越受到研究者的青睐。

8.1.3 计算机仿真的步骤

计算机仿真有三个基本要素:系统、模型、计算机。计算机仿真的过程大致可以分为如下四个步骤,系统仿真的流程如图 8-2 所示。

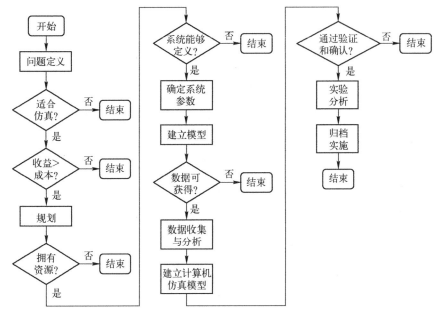

图 8-2 系统仿真的流程

1)系统分析。系统分析包括问题定义、制定目标。把被仿真的系统表达清楚,明确仿真的目的、系统的边界,确定问题的目标和可控变量并加以数量化。找出系统的实体、属性和活动,描述子系统和总系统的关系,目的是要明确问题和提出总体方案。

2)模型构造。模型构造包括描述系统并列出所有假设、罗列出所有可能替代方案、建立模型、收集数据、编写程序、校验和确认模型等。建立模型就是要选择适当的仿真方法,设计系统的仿真流程,确定系统的初始状态,然后根据需要收集整理数据,编写和调试程序。

3)模型的运行与改进。首先确定一些具体的运行方案,如初始条件、参数、步长、重复次数等。然后输入数据、运行程序,将得出的仿真结果与实际系统比较,进一步分析和改进模型,直到符合实际系统的要求及精度为止。

4)分析输出。分析输出包括提供文件的清单、记录、重要的中间结果等。

8.2 离散事件系统仿真

仿真是对系统的模拟,系统可以分为连续系统和离散系统,理解系统的概念和性质对仿真模型的建立至关重要。

8.2.1 系统定义

系统是由相互联系、相互制约、相互依存的若干元素组成的具有特定功能和运动规律的有机整体。广义系统的概念非常广阔，大到宇宙世界，小到分子原子，都称之为系统。仿真研究着重于系统状态的变化，根据系统状态的变化过程，可以将系统分为连续系统和离散系统。

1) 连续系统。连续系统的状态变化是连续不断的。例如水的加热过程中其温度上升是连续不断的，物体受力过程中力的变化也是连续不断的。

2) 离散系统。离散系统状态的变化是非连续的。例如到银行办理业务的客户到达银行的时间是不确定的，港口船舶到港的时间间隔也是非连续的。

连续系统的状态变化通常可以用数学表达式描述，而离散系统状态变化很难用数学表达式描述。仿真方法是研究离散系统的重要方法，物流系统的状态变化通常是非连续的，因此通常用仿真方法研究物流系统。

8.2.2 系统要素

一个系统以特有的表征和内在特性而区别于其他系统，这主要是由构成系统的以下几个要素决定的。

1) 实体。实体是组成系统的具体对象和物理单元。系统是实体的集合。

2) 属性。组成系统的实体具有一定的属性。所谓属性是指实体所具有的全部有效特征。

3) 活动。系统处在活动之中。所谓活动是指实体随时间推移而发生的属性变化。

4) 环境。任何系统都会经常受到系统之外因素变化的影响，这种对系统的活动结果产生影响的外界因素称为系统的环境。环境表示系统所处的界面状况（干扰、约束等），包括那些影响系统而不受系统直接控制的全部因素。

5) 系统的状态。在任意时刻，系统中实体、属性以及活动的信息总和称为系统在该时刻的状态，通常用系统状态的变化来研究系统的动态情况。用来表示系统状态的变量称为状态变量。

8.3 基于 Flexsim 的仿真方法

Flexsim 仿真工具是由 Flexsim 公司研发的一款针对社会经济中离散型事件系统的仿真软件。该软件集仿真技术、3D 图像显示技术和数据分析技术等于一体，特别适用于生产制造、仓储配送、交通运输等领域。参照研究对象的现实逻辑模型，可以在 Flexsim 软件中建立其三维仿真模型，通过系统参数设置、仿真运行报告、仿真结果反馈等信息，研究者可以对模型进行系统分析和比较，最终获得优化设计或改造方案。

Flexsim 通过三维虚拟模型演示，让客户直观地体验到方案决策间的差异，通过直接对比获得优化方案，避免了实际运作带来的人力和财力的耗费。Flexsim 兼容连续流体系统建模及离散系统，如图 8-3 所示。

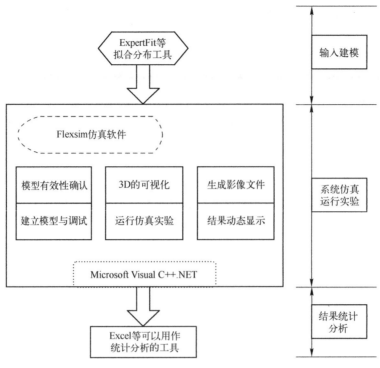

图 8-3　Flexsim 仿真软件体系结构

8.3.1　Flexsim 仿真建模过程

Flexsim 仿真建模过程可以分为模型布局、连接、参数设置三个步骤。在建模前，需要先了解 Flexsim 中的一些概念。

1）Flexsim 实体。在仿真建模中，Flexsim 实体用于模拟系统中的不同资源。例如，队列可以代表任何形式的排队或等待过程，可以是生产车间的一个储存区，也可以是银行服务大厅的一个等待队列。

2）临时实体。临时实体是流经模型的实体，可以随时被创造和销毁。临时实体可以表示托盘、产品、工件、文件、订单等仿真过程中出现的一些流动的或临时存在的对象。临时实体可以被加工处理、运输和储存。临时实体由发生器产生，并最终被吸收器销毁。

3）端口。Flexsim 实体之间通过端口进行通信，实体的端口数量没有限制。端口分为三种类型：输入端口、输出端口和中心端口。输入和输出端口决定了临时实体的流动路径，中心端口用于建立从一个实体到另一个实体的引用。

8.3.2　Flexsim 仿真建模实例

下面我们以某工厂加工三种类型产品的过程为例进行仿真建模。这三类产品分别从工厂其他车间到达该车间。这个车间有三台机床，每台机床可以加工一种特定的产品类型。一旦产品在相应的机床上完成加工，所有产品都必须送到一个公用的检验台进行质量检测。质量合格的产品会被送到下一个车间，质量不合格的产品则必须送回相应的机床进行再加工。

● 产品到达：平均每 5 秒到达一个产品，到达间隔时间服从指数分布。

- 产品加工：平均加工时间 10 秒，加工时间服从指数分布。
- 产品检测：固定时间 4 秒。
- 产品合格率：80%。

1. 模型布局

模型布局是在了解了概念模型的基础上，初步建立仿真模型实体间位置关系的过程。本例概念模型如图 8-4 所示。

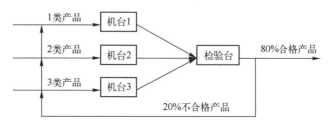

图 8-4　车间仿真概念模型

第一步：从左边的实体库中拖出一个 Source（发生器），放到模型窗口中。具体操作：单击并按住实体库中的实体，然后将它拖动到模型中想要放置的位置，释放鼠标按键。这将在模型中建立一个 Source 实体，如图 8-5 所示。生成实体后，实体会被赋予一个默认的名称，例如 Source1。在后续的编辑过程中，可以重新命名模型中的实体。

第二步：从实体库中拖出一个 Queue 实体，放在 Source 实体的右侧。这里，Queue 实体相当于实际系统中的缓存区。再从库中拖出 3 个 Processor 实体放在 Queue 实体的右侧，如图 8-6 所示。这里一个 Processor 实体相当于实际系统中的一台加工机床。

若要在模型中移动实体，则用鼠标左键单击该实体，并拖动至需要的位置。还可以通过右键单击并拖动鼠标来旋转

图 8-5　生成一个 Source 对象

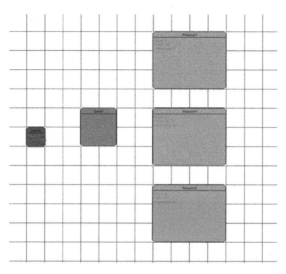

图 8-6　生成其他实体

该实体。使用鼠标滚轮，或同时按住鼠标左右键，点选该实体并移动鼠标，可使该实体沿 Z 轴上下移动。

若要改变观察点，则用鼠标左键单击窗口的任意空白区域，然后拖动鼠标。若要旋转模型视角，则用右键单击任意空白区并拖动鼠标。若要放大或缩小视图，则滚动鼠标滚轮或同时按住鼠标左右键并拖动鼠标。

第三步：分别将 Queue、Processor 和 Sink 实体放到模型中，布局如图 8-7 所示。

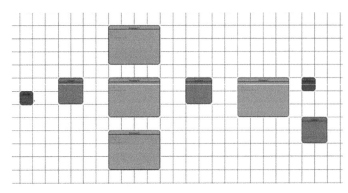

图 8-7　模型最终布局

这样，模型布局便完成了。在模型布局完成之后，还不能进行仿真，需要通过连接端口建立实体之间的联系，最后再设置各个实体的仿真参数。下面开始连接端口。

2. 连接端口

根据流动实体的路径连接不同固定实体的端口。将一个实体的输出端口与另一个实体的输入端口相连接时，按住键盘上的 A 键，然后单击第一个实体并按住鼠标左键，拖动鼠标到下一个实体处再释放。拖动时会出现一条黄色连线，释放鼠标按键后，会出现一条黑色连接线，如图 8-8 所示。

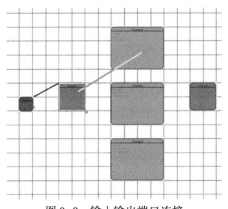

首先，将 Source 与第一个 Queue 连接。之后将这个 Queue 分别与每个 Processor 连接。再将这三个 Processor 分别与第二个 Queue 连接。还要将这个 Queue 与检验台 Processor 连接。最后将检验台 Processor 分别与 Sink 和之前的第一个 Queue 连接，先连接 Sink，再连接 Queue，如图 8-9 所示。

图 8-8　输入输出端口连接

3. 设置实体参数

需要改变每个实体的参数，使得模型运行与上述系统描述一致。一般从模型中主要实体开始设置参数，沿着流动实体的路径直到 Sink，这里从 Source 开始。每个实体都有对应的参数对话框，通过该对话框可以添加一定的数据和逻辑关系。双击一个实体可以进入其参数对话框。

在这个模型中，有 3 种不同类型的产品，每类产品与一个实体类型相对应。每个流动实体将被随机均匀地赋予 1~3 之间的任意整数值作为其类型值，这由 Source 的 Exit 触发器来完成。

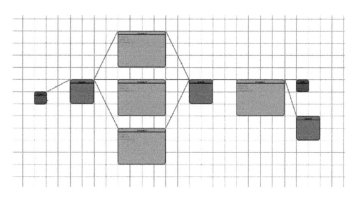

图 8-9 模型端口连接

第一步：双击 Source 打开其参数对话框，如图 8-10 所示。

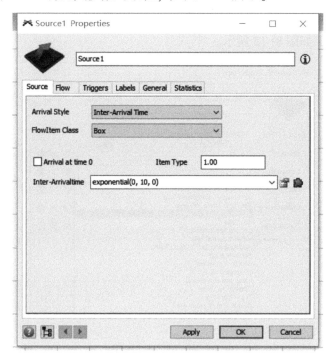

图 8-10 实体参数对话框

所有 Flexsim 实体参数对话框中都有多个包含变量和信息的选项卡标签，建模人员可根据模型要求来改变其内容。在这个模型中，需要通过改变到达间隔时间和流动实体类型来产生 3 种类型的产品。本例中，平均每 5 秒到达一个新产品，到达间隔时间随指数分布。Source 默认使用指数分布的到达时间间隔，但需要改变其均值。在仿真过程中，使用诸如指数分布的随机分布可以模拟现实系统中的变化。Flexsim 提供了名为 ExpertFit 的工具来帮助用户确定哪种随机分布与实际数据最匹配。在 Source 选项卡下，单击到达时间间隔选项的下三角按钮，打开下拉列表，如图 8-11 所示。

在列表中选择时间间隔分布后，还可以修改所选的分布，甚至可以插入一个表达式。对于这个模型，我们选择指数分布（exponential），并将尺度参数从 10 改为 5。对于指数分布，尺度参数即是均值。单击 OK 按钮返回参数对话框。

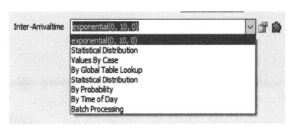

图 8-11　到达时间间隔下拉列表

第二步：设置流动实体的颜色和类型。在流动实体进入系统时需要分配一个类型值，以便在后续的处理中对流动实体进行区分。此类型值在 1 到 3 之间均匀分布，也就是说，当前进入系统的这个产品是类型 1、类型 2 或类型 3 的可能性是一样的。可以在 Source 的 Exit 触发器中改变实体类型和颜色。

单击 Source 的 Triggers（触发器）标签。单击 Exit 触发器的下三角按钮，选择 Set Item Type and Color 选项，如图 8-12 所示。

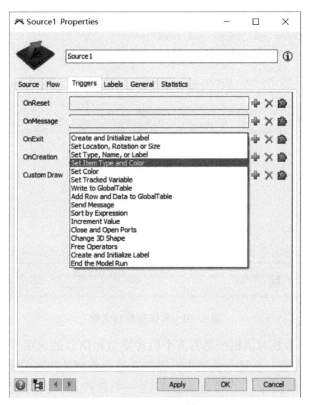

图 8-12　Source 触发器设置

接下来选择离散分布（函数 duniform(1,3)），离散均匀分布与均匀分布相似，只是其返回值不是所给参数之间的任意实数，而是一个整数。我们已经完成了对 Source 的参数编辑，单击 OK 按钮即已接受参数修改并关闭该对话框。

第三步：设置第一个 Queue（该模型中表示半成品暂存区）。我们需要设定两项内容，首先要设定其容量；其次要设定该暂存区将流动实体中所有类型 1 送至处理器 1，类型 2 送至处理器 2，以此类推。

双击第一个 Queue，出现参数设置对话框，如图 8-13 所示。

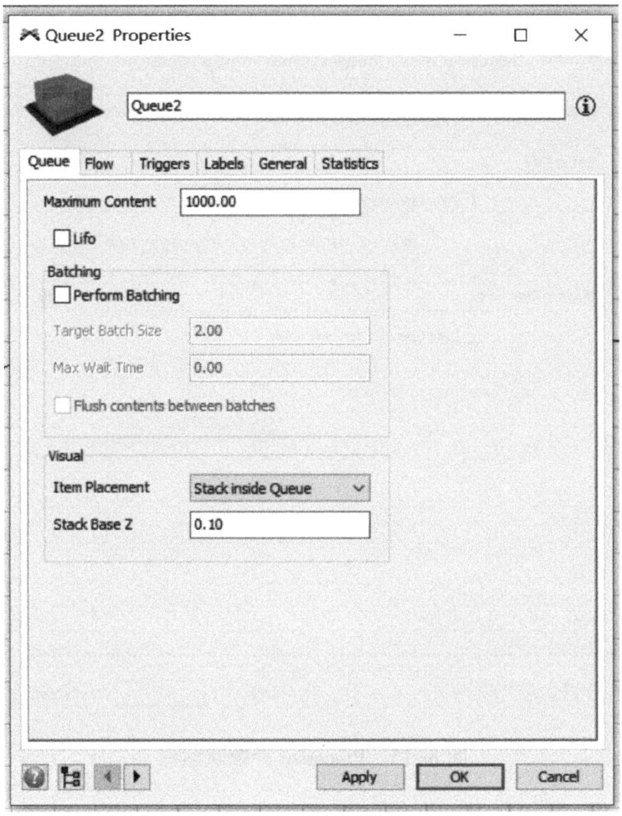

图 8-13　Queue 参数对话框

根据实际情况设置 Queue 的容量，这里保持默认容量 1000。

接下来，切换至 Flow 选项卡，设置该暂存区的流动实体路径。

单击 Output 区域中 Send To Port 下三角按钮，默认选项为 First available，即将连接到该实体第一个输出端口的实体作为输出方向。本例中，为了使不同类型的产品分别送往三个处理器加工，选择 Values By Case 选项。Values By Case 选项根据不同情况进行分支选择，单击绿色"+"按钮增加三个选项卡，如图 8-14 所示。

前面已经将每个流动实体的类型定义为 1、2 或 3，现在可以用其类型值来确定该实体通过的端口号。处理器 1 应被连接至端口 1，处理器 2 应被连接至端口 2，处理器 3 应被连接至端口 3。

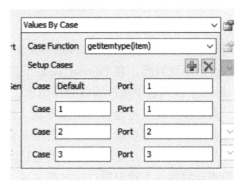

图 8-14　Values By Case 选项设置

第四步：定义三台机床的加工时间。双击第一个 Processor（该模型中用三个处理器代表三台加工机床），出现参数对话框，如图 8-15 所示。

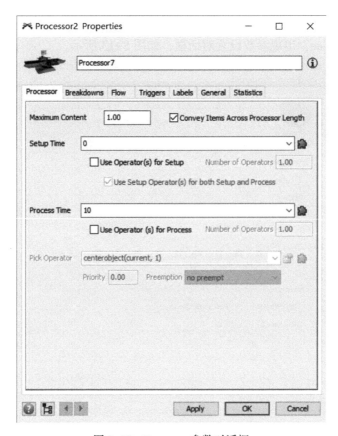

图 8-15　Processor 参数对话框

在 Process Time 下拉列表中，选择 Statistical Distribution 选项，出现分布函数选择窗口，在 Distribution 下拉列表中选择指数分布 Exponential 选项，尺度参数值默认为 10 秒。在模型中，每个产品的平均加工时间是 10 秒钟，加工时间服从指数分布。

对其他两个 Processor 重复这一步骤进行参数设置。

第五步：设置第二个 Queue。这个暂存区代表成品暂存区，设置方法与半成品暂存区一样，保持默认容量即可。

第六步：设置最后一个 Processor 参数。这个 Processor 表示成品质量检测台，这里需设置检验台测试时间。在 Process Time 下拉列表中选择 Statistical Distribution 选项，然后在 Distribution 下拉列表中选择指数分布选项，保留默认参数，如图 8-16 所示。

第七步：设置检验台的路径分配。假设仿真中生产的产品合格率为 90%，即 10% 的产品不合格。现在需要设置该检验台将不合格产品送到次品暂存区（最后一个 Queue），将合格产品送到 Sink。在建立该实体的连接时，应该首先连接 Sink，然后连接次品暂存区，从而使检测台的第一个输出端口连接到 Sink，第二个输出端口连接到暂存区。现在，要按照百分比来设置输出端口。

单击该检验台的 Flow 标签。单击 Output 区域中 Send To Port 下三角按钮，选择 By Probability 选项，如图 8-17 所示。

在弹出的窗口中单击绿色"+"按钮，增加一个 Percent 选项，如图 8-18 所示。

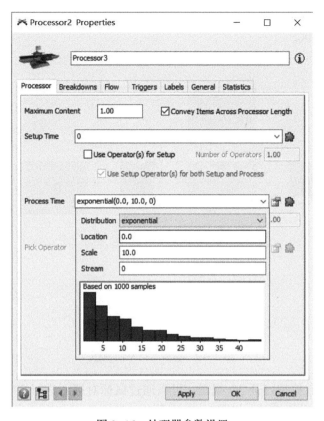

图 8-16 处理器参数设置

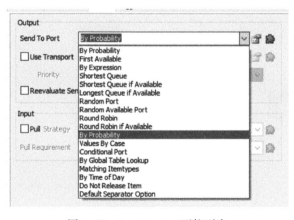

图 8-17 Send To Port 下拉列表

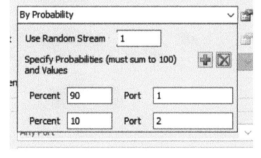

图 8-18 增加 Percent 选项

将端口 1 设为 90,将端口 2 设为 10,也就是说将 90% 的产品,或者说制造合格的产品,从输出端口 1 输出到 Sink,将剩余 10% 的不合格产品,从端口 2 送到次品暂存区。

8.3.3 运行仿真

单击工具栏中 Reset 按钮重置模型。重置模型可以保证所有系统变量恢复为初始值,并将模型中所有流动实体清除。然后单击工具栏中 Run 按钮运行模型。

现在模型开始运行,如图 8-19 所示。流动实体将从第一个暂存区开始移动,进入 3 个处理器中的一个，然后进入第二个暂存区，再进入检验台，最后进入 Sink，也有一些不合格品进入最后一个暂存区。

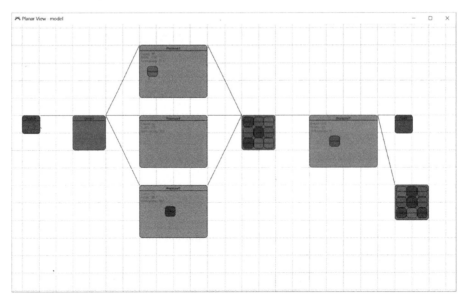

图 8-19　模型运行平面视图

单击工具栏中 3D 按钮打开 3D 视图，可以通过鼠标对视图进行拖动、旋转、缩放等操作，观察模型的实际运行效果，如图 8-20 所示。

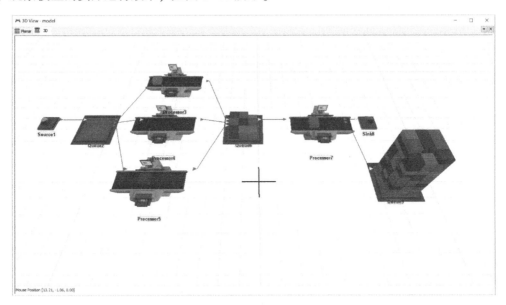

图 8-20　模型运行 3D 视图

单击工具栏中 Stop 按钮停止模型运行。在 Stop Time 下拉列表中可设置模型运行的特定时间长度。拖动 Run Speed 滑块可加快或减慢仿真模型运行速度，如图 8-21 所示。加快或减慢仿真运行速度不会影响仿真结果。

图 8-21 仿真运行控制工具

8.3.4 仿真结果分析

有几种途径可以找出系统的瓶颈。第一种方法是从视觉上观察每个暂存区的容量，如果一个暂存区始终堆积着大量的产品，这就表明从该暂存区取货的一台或几台加工机床形成了系统的瓶颈。模型运行时，可以注意到第二个暂存区经常堆积很多待加工的产品，而第一个暂存区则几乎不会出现图 8-20 所示的堆积现象。第二种寻找瓶颈的方法是查看每个 Processor 的状态统计值。如果上游的三台机床总是处于繁忙状态，而检验台常常空闲，那么瓶颈很可能是那三台加工机床。反之，如果检验台总是很忙，而加工机床总是空闲，那么瓶颈可能是检验台。

运行此模型至少 50000 秒，然后停止运行，双击第一台加工机床并切换至 Statistics 选项卡，显示实体的数据统计，如图 8-22 所示。

图 8-22 实体数据统计选项卡

单击 Chart 按钮打开数据统计图，如图 8-23 所示。这张饼图说明这台机床空闲的时间占总仿真时间的 68.4%，而加工时间占 31.6%。采用同样的方法分别查看另外两台机床的数据统计图，结果相类似。

通过对模型中各实体的数据分析，可以发现系统的瓶颈，从而采取针对措施对模型进行优化。本例中，检验台为系统的瓶颈，导致物流拥堵，因此可以通过增加检验台的方式解决系统瓶颈。

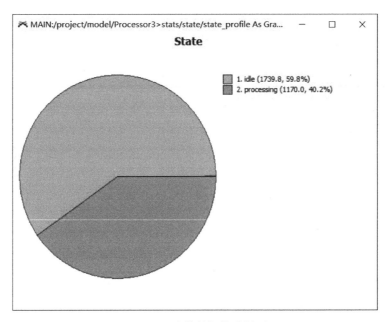

图 8-23 实体数据统计饼图

8.4 基于 Vensim 的仿真方法

Vensim 是一款可观念化、文件化的模拟、分析与优化动态系统模型的图形接口软件。通过该软件可以对系统动力学模型进行构思、仿真、分析和优化,并且可以形成文档。Vensim 利用图示化编程进行建模,依据操作按钮建立包括因果循环(Casual Loop)、存量(Stock)与流程图等相关模型。

Vensim 提供了一种非常简单易用的基于因果关系链、状态变量和流图的建模方式。Vensim 用箭头来连接变量,系统变量之间的关系作为因果连接而得到确立,方程编辑器可以方便地建立完整的模拟模型。通过建立过程、检查因果关系、使用变量以及包含变量的反馈回路,进行模型分析。建立起一个可模拟的模型后,Vensim 可以从全局来研究模型的行为。Vensim PLE 和 PLE Plus 是为简化系统动力学的学习而设计的 Vensim 的标准版本。Vensim PLE 适用于建立规模较小的系统动力学模型,而 Vensim PLE Plus 功能更为强大,支持多视图,适用于大型的模型模拟。

Vensim 提供了对所建模型的多种分析方法。Vensim 可以对模型进行结构分析和数据集分析,结构分析包括原因树分析、结果树分析和反馈回列表分析,数据集分析包括变量随时间变化的数据值及曲线图分析。此外,Vensim 还可以实现对模型的真实性检验,以判断模型的合理性,从而相应调整模型的参数或结构。

8.4.1 Vensim 建模的步骤

使用 Vensim 建模一般采用以下 6 个步骤。
1) 新建一个模型(或打开一个已有的模型)。
2) 用结构分析工具检查模型结构。

3）对模型进行模拟运行。
4）用数据集分析工具检查模型的行为。
5）执行仿真试验,理解和提炼模型。
6）输出仿真结果,使用分析工具输出仿真数据,使用图形工具自定义图形和图表。

8.4.2 模型的建立与仿真

在模型建立窗口中,采用图示化的方式建立模型,或者对已建立的模型进行修改,得到需要的模型。主要过程是画出流图,然后输入参数和方程。

1. 新建模型

在主菜单 File 中,选择 New Model 或 Open Model 命令,新建一个模型或者打开已建的模型。若选择 New Model 命令,会出现如图 8-24 所示的对话框,用于对模型进行初始化。在该对话框中可以设置起始时间、结束时间、时间单位、时间步长（Time Step）和数据记录步长。

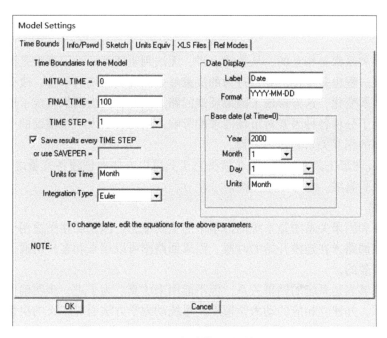

图 8-24　新建模型对话框

Vensim 的用户界面是标准的 Windows 应用程序界面。Vensim 的主界面由一个工作区和一组工具组成,主窗口是工作区,包括标题栏、菜单栏、工具栏和分析工具,在打开模型的情况下显示图形工具和状态栏。图 8-25 是在打开模型的情况下 Vensim DSS 运行后的主界面及各区域的标注。

2. 系统因果关系分析

系统动力学的研究重点在于自反馈机制的系统动力学问题。为了研究系统的反馈结构,首先要分析系统整体与局部的关系,进而理清因果与相互关系,然后把它们重新联结起来形成回路。最简单的表示回路概念的方法是图形,系统动力学中常用的是因果关系图。

系统动力学了解系统动态特性的主要方法是回路分析法（即因果关系和反馈思想）。反

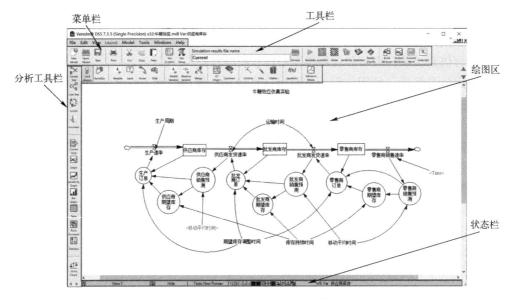

图 8-25 Vensim 运行状态主界面

馈回路中的因果关系都是相互的，从整体上讲，无法判定任意两种因素谁是因、谁是果。社会和个人的决策过程也是这样，导致行为的决策是企图改变系统的状态；改变了的状态又产生进一步的决策及变化，这样形成了因果反馈回路。因此，互为因果就成了反馈回路的基本特征。当然，为了分析各种因素对市场需求的影响，还需要引入一些辅助的中间变量，以反映各种因素之间的相互关系和作用过程。

利用 Vensim 图形工具中的 Arrow（箭头）工具可以方便地创建各变量之间的因果连线，因果连线既可以是直线，也可以是曲线。

3. 流图构建

因果回路图和因果关系图是系统动力学中的重要概念，因果回路图适用于表达系统中的因果关系和反馈回路，在建模开始的时候，因果回路图可以用来和客户沟通，以了解系统结构，这是非常有效的。

因果回路能够表达系统的因果关系，但不能用来仿真。为了进一步明确表示系统各元素之间的数量关系，并建立相应的动力学模型，系统动力学方法通过广义的决策反馈机构来描述上述机制。系统动力学通过引入水平变量（Level）、速率变量（Rate）、信息流等因素，构造更加深入的系统行为关系图，更完整、具体地描述系统构成、系统行为和系统元素相互作用机制的全貌，即流图。

系统动力学流图是系统动力学的基本变量和表示符号的有机组合。根据系统内部各因素之间的关系设计系统流图，其目的主要在于反映系统各因果关系中所没能反映出来的不同变量的特性和特点，使系统内部的作用机制更加清晰明了，然后通过流图中关系的进一步量化，实现仿真目的。

流图中的变量名称可以用英文也可以用中文，但不能与系统内置变量（如 TIME、DELAY 等）重名。Vensim 使用影子变量（Shadow Variable）引用系统内置变量。

4. 系统动力学方程的建立

方程和参数是系统动力学模型的主要部分，也是模拟仿真的最主要依据，它们决定了模型的行为。通过系统动力学方程，将各因素之间的函数关系用 DYNAMO 方程式的语言来建立和表达。方程的左边是某一变量，Vensim 围绕这一变量来建立方程和输入参数。用鼠标左键单击图形工具栏中 Equations 按钮，然后单击模型中的一个变量，即可打开方程编辑对话框，如图 8-26 所示。

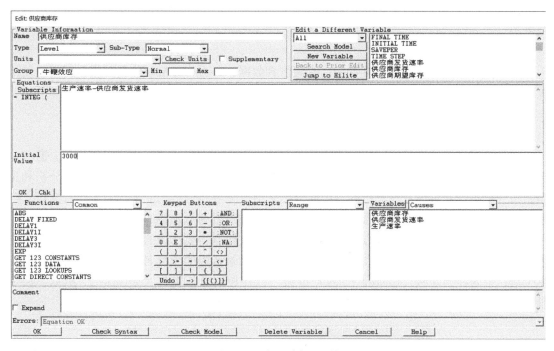

图 8-26　方程编辑对话框

该对话框中主要包含以下选项。

1）方程编辑框。可以选择变量、函数、数字和运算符构成方程。

2）输入变量（Variables）。在流图正确的情况下该变量的因变量都会包含在内，并构成输入变量。在方程编辑时对变量进行选择即可。

3）函数（Functions）。列举了 Vensim 提供的所有函数，以供方程编辑时选用。

4）其他操作符（More）。此处提供了方程编辑过程中常用的一些算符和操作符。

5）变量类型（Type）。Level 指当前变量为流位变量，只要在初始值输入框（Initial Value）中输入该流量变量的初始值，流量方程即告完成。Auxiliary 指流率或辅助变量，Constant 表示常量，Lookup 表示表函数。

6）单位（Units）。方程的右边必须要有正确的单位，如果是一个无量纲的变量，可不加单位或输入 dmnl。

7）注释（Comment）。为增加模型的可读性以易于理解，可对方程进行注释。

8）数字和运算符。提供类似于计算器面板的数字及常用运算符的按钮集，以便编辑和计算方程中的公式。

5. 仿真运行

在模拟运行模型之前，有必要对模型中方程及其单位进行错误检查。在主菜单中选择 Model 选项，在弹出的菜单中选择 Check Model 命令，如果模型没有任何结构或结构错误，则会提示"Model is OK."的信息。如果出现错误,则根据提示信息检查模型的结构或者变量的方程,更改错误并重新检查。

模型建立完成后,进入编译运行的阶段,对已建立好的模型进行仿真运行。

6. 输出仿真结果

模拟运行过程可通过主工具栏中的相关工具按钮进行,模型仿真运行结束,输出运行的结果图。

7. 仿真结果分析

软件运行仿真后,生成仿真数据。收集仿真数据,并进行分析。仿真数据分析可以使用软件自带的分析工具,或者使用第三方统计分析工具进行。

8.4.3 模型的结构分析

在模型完成后的模拟运行之前或之后均可进行模型的结构分析。通过 Vensim 主窗口分析工具集中的相关按钮可方便地进行模型的结构分析。其中,原因树分析、结果树分析和反馈回路分析是针对具体变量进行的,因此分析之前首先要将分析的变量选为工作台变量。模型文档列举和量纲检查是针对整个模型进行的,无须进行变量选择的操作。

工作台变量的选取有两种方式:一种是用鼠标左键双击要选择的变量,即可将该变量选为当前工作台变量,此时即会在主窗口标题栏中显示被选中的变量名称;另一种是通过单击主工具栏中的控制面板(Control Panel)按钮,打开控制面板窗口,如图 8-27 所示,在变量(Variable)选项卡下列出了模型用到的所有变量,选择其中要分析的变量即可。

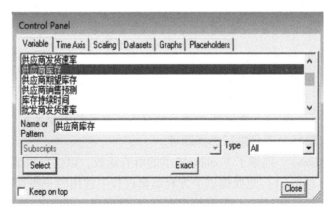

图 8-27 控制面板窗口

1. 原因树分析

单击分析工具栏中的原因树(Causes Tree)按钮,即可列举出作用于所选变量上的所有变量,包括直接原因变量和间接原因变量。从而可以得到给定变量的一颗原因树的最末一级的所有变量,这些变量的外部作用决定了给定变量的变化。图 8-28 描述了对变量"零售商订单"的原因树分析,可以将窗口锁定、打印,也可以将图形复制到剪贴板供其他应用程序使用。

2. 结果树分析

单击分析工具栏中的结果树(Uses Tree)按钮,即可列举出所选变量作用的所有变量,

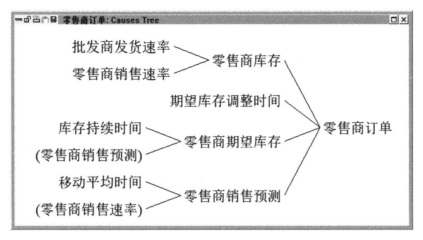

图 8-28　原因树分析

包括直接作用变量和间接作用变量。从而可以得到给定变量的一颗结果树的最末一级的所有变量，表示指定变量对于整个系统的最终作用。图 8-29 描述了对变量"零售商订单"的结果树分析，同样可以将窗口锁定、打印，亦可将图形复制到剪贴板供其他应用程序使用。

图 8-29　结果树分析

3. 反馈回路分析

单击分析工具栏中的反馈回路（Loops）按钮，即可列举出通过所选变量的所有反馈回路（Vensim 并未提供反馈回路的极性分析）。图 8-30 描述了包含变量"零售商订单"的所有反馈回路。

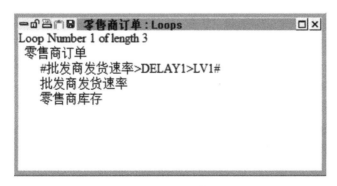

图 8-30　反馈回路分析

8.4.4 模型的模拟及数据集分析

模型建立之后即可对其进行模拟运行和数据集分析。

1. 仿真结果保存

模型运行后产生的结果数据保存在扩展名为".vdf"的文件中。单击主工具栏中 Simulation results file name 文本框,输入当前仿真结果文件名,默认的文件名为 Current。在对同一模型反复调整参数并比较运行结果时,仿真结果文件名的合理设置是很重要的,如果两次仿真采用相同的结果文件名,则第二次仿真结果文件将覆盖第一次仿真的结果文件。

2. 数据集分析

Vensim 的数据集分析,实际上是考察模型的动态行为表现,是对模型模拟的结果数据文件(.vdf 文件)进行比较分析,基本的分析方法是给出变量随时间变化的 Strip 图,同时还可给出各变量之间的关系图。既可以对一次运行的结果进行分析,也可以对多次运行的结果(存储在多个不同的.vdf 文件中)进行分析。通过分析工具栏中数据集分析按钮和控制面板进行数据集分析,数据集分析是针对选中的当前工作台变量进行的。

8.5 案例——牛鞭效应 Vensim 仿真

牛鞭效应,是物流供应链管理中的一个典型的现象,指当供应链上的各级供应商只根据来自其相邻的下级销售商的需求信息进行供应决策时,需求信息的失真会沿着供应链逆流而上,产生逐级放大的现象。

8.5.1 案例背景

著名的啤酒游戏就是牛鞭效应仿真的一个非常好的实现案例,它是在 20 世纪 60 年代由麻省理工学院的斯隆管理学院(Sloan School of Management)开发完成的模拟牛鞭效应的角色扮演游戏。参加者只需要根据销售情况来决策采购或生产产品的数量。下面将以啤酒游戏为背景,建立一个三级供应链分销库存的系统动力学模拟模型。

8.5.2 案例内容

啤酒游戏中包含零售商、批发商、供应商三个成员。对游戏中的参数进行如下假设:前 4 周消费者对啤酒的需求量为 300 箱/周,在第 5 周时开始随机波动,波动幅度为±200,均值 0,波动次数为 100 次,随机因子为 4 个。假设各节点初始库存和期望库存为 1000 箱,期望库存持续时间为 3 周,库存调整时间为 4 周,预测平滑时间为 5 周,生产延迟时间和运输延迟时间均为 3 周,且为 3 阶延迟,不存在订单延迟。仿真时间为 0~100 周,仿真步长为 1 周。期望库存等于期望库存持续时间和各节点的销售预测之积。

1. 绘制因果关系图

啤酒游戏的各因素之间的因果关系图,如图 8-31 所示。

2. 系统动力学模型的建立

建立牛鞭效应仿真的流图(即流量流速图),如图 8-32 所示。

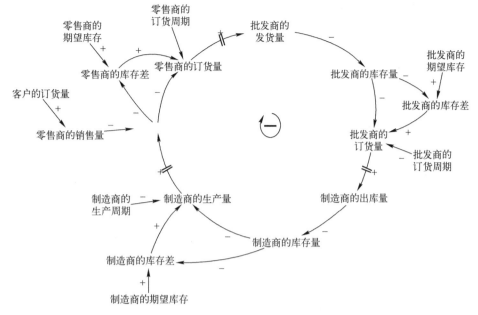

图 8-31 牛鞭效应因果关系图

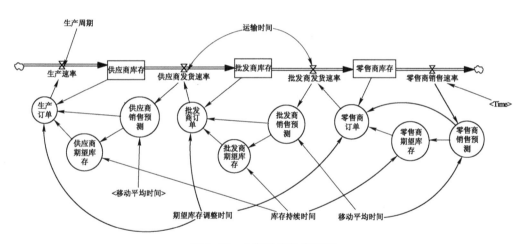

图 8-32 牛鞭效应仿真流图

在建立了流图之后，还要设置流图中各变量的参数和系统动力学方程。

3. 仿真结果分析

1) 原因图分析（Causes Strip）。在牛鞭效应模型中选择变量"零售商订单"为当前工作台变量，单击原因图分析按钮，可以看到零售商订单随时间变化的曲线，以及其直接原因（零售商库、零售商期望库存等变量）随时间变化的曲线，如图 8-33 所示。

2) 分析图（Graph）。在牛鞭效应模型中选择变量"零售商订单"为当前工作台变量，单击分析图工具按钮，可以看到零售商订单变量随时间变化的 Strip 图，如图 8-34 所示。

3) 数据表分析（Table）。在牛鞭效应模型中选择变量"零售商订单"为当前工作台变量，单击数据表工具按钮，可以看到零售商订单变量随时间变化的数据表格，如图 8-35 所示。

4. 牛鞭效应仿真方程及参数

本例中部分变量的方程及参数设置如下。

供应商发货速率＝DELAY1（批发商订单,运输时间）

供应商库存＝INTEG（生产速率-供应商发货速率,3000）

供应商期望库存＝供应商销售预测×库存持续时间

供应商销售预测＝移动平均时间×供应商发货速率

库存持续时间＝3

期望库存调整时间＝4

批发商发货速率＝DELAY1（零售商订单,运输时间）

批发商库存＝INTEG（供应商发货速率-批发商发货速率,3000）

批发商期望库存＝批发商销售预测×库存持续时间

批发商订单＝max((批发商期望库存-批发商库存)/期望库存调整时间+批发商销售预测,0)

批发商销售预测＝SMOOTH(批发商发货速率,移动平均时间)

生产周期＝3

生产订单＝max((供应商期望库存-供应商库存)/期望库存调整时间+供应商销售预测,0)

生产速率＝DELAY1(生产订单,生产周期)

移动平均时间＝5

运输时间＝3

零售商库存＝INTEG（批发商发货速率-零售商销售速率,3000）

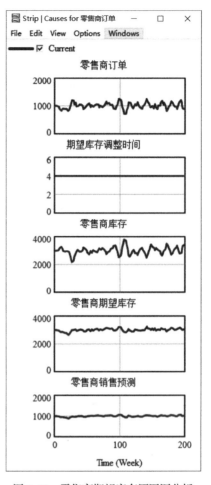

图8-33 零售商期望库存原因图分析

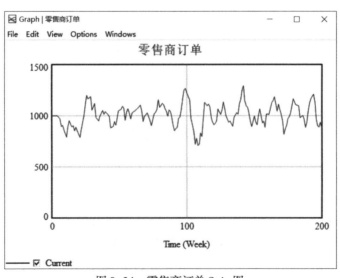

图8-34 零售商订单Strip图

Time (Week)	0	1	2	3	4	5	6	7	8
零售商订单 : Current	1000	1000	1000	1000	1000	1000	968.139	894.539	907.151

图 8-35　零售商订单变量随时间变化的数据表格

零售商期望库存=库存持续时间×零售商销售预测

零售商订单=max((零售商期望库存-零售商库存)/期望库存调整时间+零售商销售预测, 0)

零售商销售速率=1000+if then else(Time>4, RANDOM NORMAL(-200,200,0,100,4),0)

零售商销售预测=SMOOTH(零售商销售速率,移动平均时间)

8.5.3　案例总结

系统动力学从系统的角度出发，为社会经济、企业管理中一些复杂的问题提供了一种解决思路。供应链是一个复杂的系统，其中的牛鞭效应是一个难点问题。本案例基于系统动力学原理，以啤酒游戏为例建立了牛鞭效应的仿真模型，并用 Vensim 软件进行了仿真模拟。通过仿真观察，可以看到牛鞭效应的发生过程和产生的后果，体现了仿真方法解决复杂问题的优势。

8.6　案例——XN 物流中心零拣作业仿真分析

XN 物流中心是一家专业的第三方图书物流公司。在刚成立的时候，公司领导层就对企业的服务方向做出了明确的定位，如今已建成同时具备仓储、运输、配送、信息处理、流通加工、装卸搬运等六大功能的物流中心。

8.6.1　案例背景

园区占地面积为 150 亩，仓库建筑面积约为 10.5 万平方米。仓库设计为两层结构，仓库一层高 7.5 米、二层高 5.5 米，卸货平台高 1.3 米，高台库的设计极大方便了货物装卸搬运。图 8-36 为其作业中心一楼平面布局图。

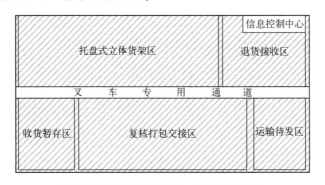

图 8-36　物流作业中心一楼平面布局图

新零售部、运输部、网络技术对接部、商品运营部等部门是 XN 物流的重点运营部门，后勤部门是常规化的人事及财务等部门，如图 8-37 所示。

日常进销存是新零售部的核心内容，登记到货基础信息、处理存在差异的货品是新零售部的主要负责项目，维护订单到货流传、播种、零捡出库等部分，这些部分各自分区，并有客服进行跟踪，系统监督。库存备货、退换的书籍在系统内登记与流转。分拣流程如图 8-38 所示。

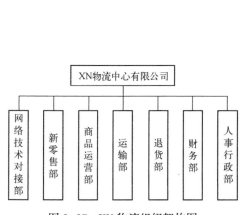

图 8-37　XN 物流组织架构图

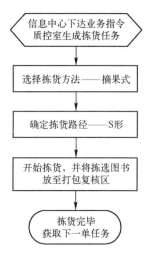

图 8-38　新零售部拣货流程图

8.6.2　案例内容

1. XN 物流现有物流系统分析

经调研得知，XN 物流现有作业方式分为两种：整包出库与零拣作业。两种方式的运行方式差异如下。

若顾客订单额较高，即来即走，整包不拆封，将货品经由托盘及叉车直接运至待发货区域，为客户做暂存业务，等待发货，此种作业即为整包出库业务。

若备货订单种类较多，需要在同一待发区放置多样品目，拣货员要依据订单挑选出相应商品，确保数目准确、品类完整。之后统一等待发货，此种操作即为零拣作业。

按照订单对当日新到书籍情况进行总体分析，比较以上作业的差异，如图 8-39 所示。

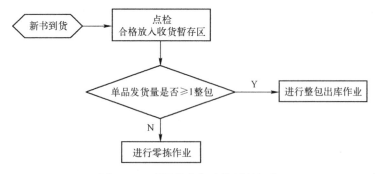

图 8-39　不同作业方式的判断标准

零拣作业和整包出库是 XN 物流的主要业务处理方式，两种作业方式日均任务量比重、操作工时、人员配置数量等因素统计结果如表 8-1 和图 8-40 所示。

表 8-1　两种作业方式任务量占比、所用人数、所用工时统计表

作 业 方 式	任务量占比/%	所用人数/人	所用工时/小时
整包出库	60%	8	4
零拣	40%	16	20

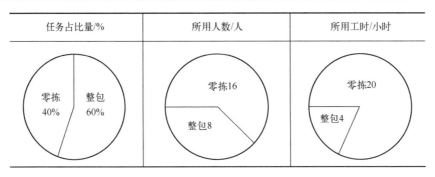

图 8-40　两种作业方式效率对比

由表 8-1 可知，相对来说，零拣作业人力和物力成本耗费较高。在任务量较少时，人工成本及工时成本仍然较高，而且效率增幅不大，这成为业务瓶颈较为突出的部分。依据表 8-1 中数据分析，低效高成本的成因主要有如下几方面。

1）相比于整包出库，零拣作业完全依靠人工搬运，没有相关电动设备对其进行辅助搬运，所以效率较低是情理之中的结果。

2）XN 物流的零拣作业采取按订单拣选的方式，单件产品需求量小、品目繁多是效率低下的主要因素。有时品目需求会遍及整个备货区，拣货员所要寻找的区域面积很大，路径相对很长，大部分时间浪费在路上。

2. 物流零拣作业的改进

零拣作业中，拣货员在完成每一张订单时，按照单据或 PDA 所提示的库位，以每张订单为单位进行分拣，一张订单分拣完成之后，再进行下一订单分拣。

（1）现有零拣作业运作方式

零拣作业场地位于中心二楼的 4600 平方米矩形区域内，其平面布局如图 8-41 所示。

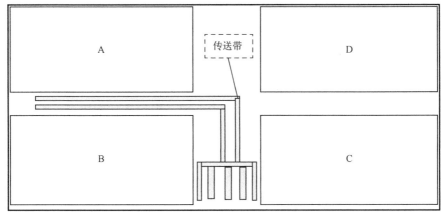

图 8-41　零拣作业区域平面布局图

零拣暂存区分为 A、B、C、D 四个大区，每个暂存区为双排库位，每排设置 20 个库位，共有 12 排，约有 480 多个库位，每个库位长宽为 1200 mm×1000 mm，一个暂存区位对应一个托盘的书目。

由于每个暂存区位内的书目不只存放一种图书，而是多种图书混合在一起，分拣员在 PDA 所示的暂存区域依据订单内容进行挑选，这样就造成了时间的浪费。同时由于订单以多品种小批量为主，一张订单上的书目可能出现在整个储存区位内的任一位置，使得零拣员每拣一张订单要来回走动很长距离，大部分时间都浪费在了路上。以两名零拣员实际工作情况列表为例，单位时间内分拣耗用时长如表 8-2 所示。

表 8-2　两名零拣员每小时作业工时列表　　　　　　　　　　　　　　　单位：秒

拣 货 员	PDA 操作用时	路 途 用 时	找 书 用 时	批量搬运用时	总　　共
拣货员 1	321	2534	511	158	3524
拣货员 2	336	2346	602	253	3537

根据表 8-2 可计算：两名分拣员的 66%~71% 作业时间消耗在了路途上，查找订单相应书籍的时间占用比率为 15%~17%，零拣作业不足之处在于如下两方面。

1）分拣员挑选耗时较长，其原因在于书目用地面积过大，空间利用不合理，相似订单较少，或是订单排序存在问题，零散的订单品目耗费了较多挑选工时。

2）存储区内筛选用时过长，主要原因是图书分类不清晰且无规律，挑选过程无章可循。

（2）零拣作业备选优化方法

鉴于分析所得结论，针对分拣工作中凸显的问题，得出以下 3 种备选优化思路。

1）全自动存取货架系统，即通过全自动立体货架、传送带和强大的后台数据处理系统，实现所有货物的全自动存、取过程，对提升拣货精度及效率大有帮助。

2）调整分拣方法，先将拣选分区化，再整合合并。这里所指的分区并不单指书目区域划分，而是划分订单，这一思路在此前很少得到应用，将订单分区交由各分区内拣货员，再以实物区域为单位，统一汇总合并订单。这一思路主要针对解决的是分拣员活动区域细化问题，路途用时会得到减少。

3）立体式隔板货架，把原本平铺式的零拣暂存区改为立体的货架。这种方法所占用面积比原来零拣暂存区面积大幅减少，同时将图书品种按货格进行分类存放，一个货格只对应一种图书，这样拣货员通过 PDA 可以快速找到所需图书，减少暂存区内的肉眼定位时间和路途耗时。

（3）零拣作业最终优化定案

全自动立体货架的解决措施，虽然能够节省工时，但成本耗费较高，需要订制大型设备，对硬件设计的要求较为严格，匹配的应用系统通常造价颇高，因此，并不是首选方案，基于成本考量，此种方案难以施行。

先分区后合并的解决措施的弊端是工序复杂，先分割订单，按照暂存区排序，再分拣书目合并订单，增加了工序的复杂度。

分割订单的步骤要以软件的后台作为技术支持，在软件后台分割订单工序之上，另需增设人力设备区域才能完成订单二次合并，此种方案虽然在路途应用上减少了耗时，却将耗时转移至订单合并的程序上,总体时长并没有得到缩短,人力的耗费方面也没有显现优势。三种改良方式对比结果如表8-3所示。

表8-3 三种改良方式对比

优化思路	成 本	存、取速度	准确率	是否增加工序	是否可以减少人力
全自动立体货架	极高	极快	高	否	是
先分区,再合并	低	中等	中等	是	否
立体式隔板货架	中等	快	较高	否	是

依据上表可以得出,立体式隔板货架能够减少拣货员的路途时间消耗,占用较少的暂存区面积,书目存储方式直观,每个货格固定一个品类,分拣员定位时间缩短,能够有效提升效率。在实际应用中这种操作模式的效果如何,还需要借助仿真技术进行验证。

3. 零拣作业仿真模型建立

基于上文分析,应用Flexsim仿真软件建立零拣作业现有方式的仿真模型,如图8-42所示。

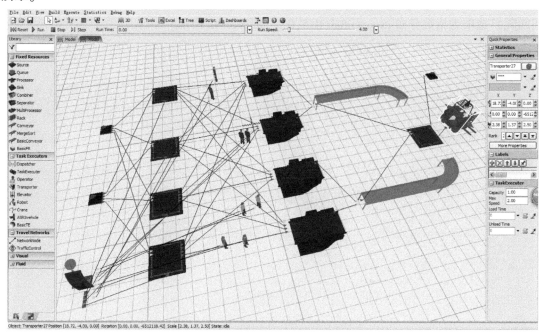

图8-42 现有方式零拣作业模型

模型中实体与功能的对应关系,如表8-4所示。

表8-4 实体-功能对应表

实 体	功 能
Source1	产生临时实体(图书)
Source2	产生临时实体(托盘)
Queue1、Queue2、Queue3、Queue4	A、B、C、D暂存区
Queue5	成品待发暂存区
Dispatcher	现场管理者
Operator1-8	拣货员

(续)

实　　体	功　　能
Processor	处理器
Conveyer	辊式传送带
Sink	吸收器
Forklift	电动托盘车

4. 仿真模型参数设置

(1) 现有方式的 Flexsim 模型及参数设置

根据 XN 物流现有零拣作业方式进行 Flexsim 建模，需用的实体对象有：发生器、暂存区、分配器、拣货员、合成器、传送带、托盘、叉车和吸收器。下面对各对象的作用和所需数量作详细说明。

1) 发生器共 2 个，即 Source1 和 Source2，分别用于产生临时实体 Box 和 Pallet（托盘），并对其进行参数设置。首先设置产品到达时间间隔，服从均值为 5 秒的指数分布。双击创建的 Source1 和 Source2 对象，在弹出的属性窗口中设置 Inter-Arrivaltime（产品到达时间间隔）选项为指数分布 exponential(0,5,0)，如图 8-43 所示。

图 8-43　设置到达时间间隔

2) 暂存区 5 个，其中第 1 至 4 号实体代表现有的 A、B、C、D 四个暂存区位，5 号实体代表运输待发暂存区，所有图书在打包完成后进入到这个暂存区内等待发货。

在 Queue1 的属性窗口中设置其最大容量（Maximum Content）为 10000。在 Flow 选项卡下，选择发送到端口（Send To Port）字段下拉列表中的 Values By Case 模板，如图 8-44 所示。该模板的功能是根据不同 Case 值，将实体从指定输出端口号输出。默认只有一条 Case 项目，单击"+"按钮三次，增加三个 Case 项目，并按图 8-44 所示设置 Case 值和输出端口号 Port。该代码模板先通过 Getitemtype（Item）函数取得队列中实体的类型值作为 Case 值，对于 Itemtype 为 1（Case 值为 1）的实体，设定其输出端口为 1；对于 Itemtype 为 2（Case 值为 2）

的实体,设定其输出端口为 2;对于 Itemtype 为 3(Case 值为 3)的实体,设定其输出端口为 3;对于剩余的实体(CaseDefault),即 Itemtype 为 4 的实体,设定其输出端口为 4。这样,不同实体会根据各自的类型从不同输出端口离开队列。同时,勾选 Use Transport 复选框,从而 Queue 在发送实体到下游时,会请求移动资源来搬运而不是直接发送到下游对象。

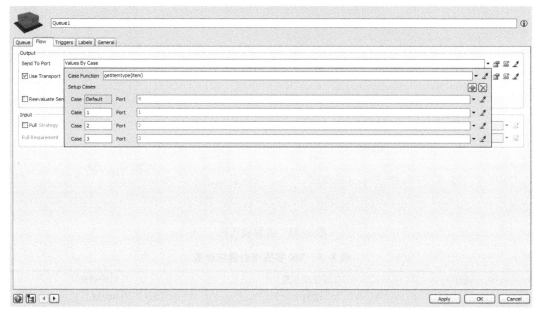

图 8-44 设置发送端口

3)分配器和拣货员。添加 1 个分配器和 8 个拣货员。需要注意,Queue 到 Dispatcher 的连接是"S 连接",Dispatcher 到 8 个拣货员的连接是"A 连接",由其进行拣货作业,在开始之前所有拣货员都处于发生器处。将拣货员分为 4 组,每组 2 人,以红、黄、绿、紫来区分。

4)合成器 4 个,用于将拣货员完成的订单打包复核。合成器的各项参数保留默认设置即可,不用修改。

5)传送带 2 条,拣货员将按订单拣选好的图书由传送带从二楼传送到一楼的成品待发暂存区内。在 Conveyor1 和 Conveyor2 的尾端添加一个弯曲段,连接 Queue5,双击 Conveyor1,在 Layout 选项卡下,单击"+"按钮增加一个分段(section),在类型(Type)下拉列表中选择弯曲(Curved)选项,将角度(Angle)设为 90,将半径(Radius)设为 2,如图 8-45 所示。双击 Conveyor2 进行类似设置。

6)Source2 产生的临时实体便是托盘,在拣货员拣选完一张订单,所拣图书进入传送带之前,系统会根据情况自动为其分配相应的托盘。

7)电动托盘车和吸收器各 1 个,用电动托盘车将暂存区 Queue5 已经打包好的图书运至月台上,进行发货。吸收器将模型中所有临时实体消除,可以理解为承运商将打包好的图书从月台上运走。

(2)优化方式的 Flexsim 模型与参数设置

未来 5 年内,为使设计的货架能够容纳 XN 物流拣选作业的业务量,对 XN 物流的货物处理量和图书品类做了前期调研,得到数据如表 8-5 所示。

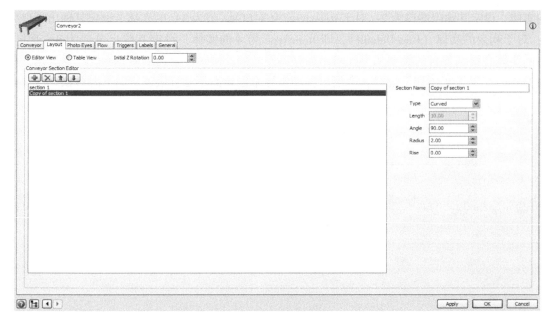

图 8-45 设置输送机

表 8-5 XN 零拣作业量统计表

年 份	日均处理品类	日均处理量
2013	6251	48725
2014	6387	49850
2015	6420	51663
2016	6642	52430
2017	6993	54931

结合图书商品的特点,设计货架的数量及规格如下:8 个长 42 m、宽 1 m、高 1.8 m 的双面货架,每个货架 5 层,层距 0.4 m。其中两个靠墙的货架为单面放置。8 个货架并排放置,排间距 1.2 m,距离两端传送带最近距离均为 6 m。

分析整理以上数据,建立零拣作业优化方式 Flexsim 模型,其中的对象包括发生器、隔板货架、合成器、分配器、传送带、拣货员、吸收器、暂存区、托盘、叉车,各对象的数量和功能说明如下。

1)货架 8 个。

2)拣货员共 8 个,参数与现有方式 Flexsim 模型中拣货员的参数基本一致。为了得出最佳的人效水平,此处将拣货员数量由现有方式的 8 人依次递减到 1 人,并针对拣货员人数进行 8 次模型仿真,通过运行得出的数据,比较不同拣货员人数的系统效率。

3)暂存区 1 个,用来存放打包复核完成的图书。

4)其他各对象参数与现有方式的对象参数一致。

根据以上实体对象的数量及相关参数建立零拣作业优化方式 Flexsim 模型,如图 8-46 所示。

5. 仿真结果分析

利用仪表盘(Dashboard)查看选项利用率。单击工具栏中 Dashboards 按钮,在下拉列表

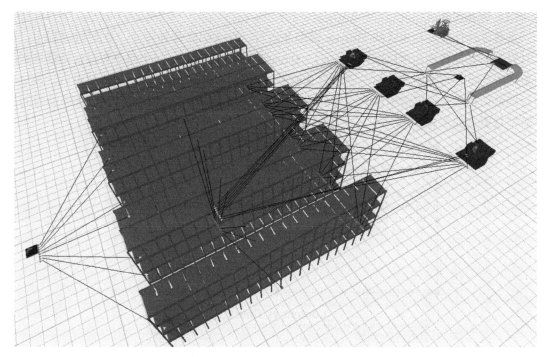

图 8-46 零拣作业优化后的仿真模型

中选择 Add a dashboard 命令,即可创建一个空仪表盘,然后从左边的库中拖放一个状态条(State Bar)到仪表盘,按照图 8-47 中箭头指示的操作顺序操作,即可将需要的实体状态条显示在一张图中。

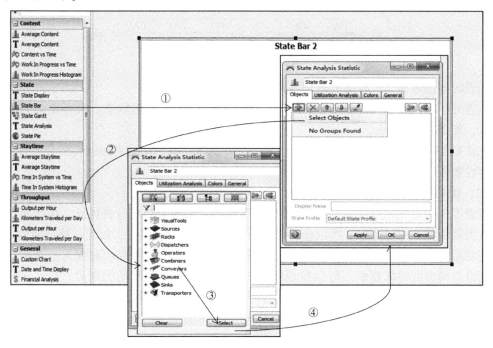

图 8-47 增加状态条

(1) 数据分析

重置零拣作业现有方式的 Flexsim 模型并运行，在 43200 分钟停止。在运行过程中，通过对模型的整体观察，可以发现 Queue1、Queue2、Queue3 和 Queue4 四个暂存区持续堆积的现象较为严重，这表明该队列的下游设备或者移动资源可能存在瓶颈。运行结束后，通过仪表板的数据记录，可以清晰地看到 Queue1、Queue2、Queue3 和 Queue4 大约 100% 的时间处于繁忙状态，如图 8-48 所示。

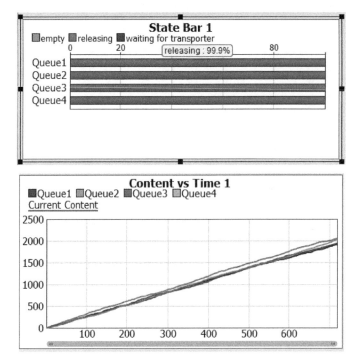

图 8-48 暂存区状态

随着时间的增加，暂存区的堆积现象越来越严重。

接着分析移动资源和设备，Operators 的大部分时间处于空闲状态，且行走的时间占较大比重，如图 8-49 所示。

拣货员的平均等待时间较长，证明其拣货效率低下，通过上述各项指标的分析得知，此模型存在瓶颈，需要进行优化。

(2) 优化方式的模型运行数据分析

重置零拣作业优化方式的 Flexsim 模型并运行，直到在 43200 分钟停止。由于将平面拣货区改为隔板货架进行储存，所以仓库空间利用率得到很大的提高，加上一格一品的储存策略，拣货员在到达拣货区位后能快速找到指定书目，拣货效率得到明显提升。在运行过程中，通过对模型的整体观察，可以发现隔板拣货区并没有存货积压的现象产生。运行结束后，通过仪表盘的数据记录可以发现，随着时间的推移，隔板货架的容量呈波动上升，相比于原有储存方式，优化后的储存方式大大缓解了图书积压现象，如图 8-50 所示。

同时，拣货员的平均排队时间也大大缩短，工作效率得到明显提升，如图 8-51 所示。

综合以上各因素，并结合人力成本因素，最终决定将拣货员数量压缩到 4 人。

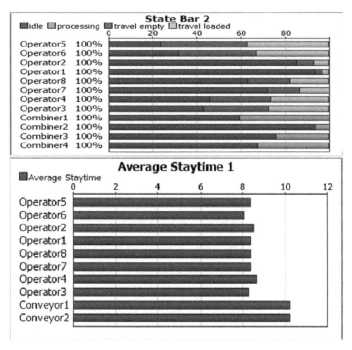

图 8-49　拣货员和打包机的状态利用率与平均等待时间

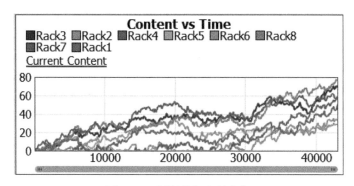

图 8-50　隔板货架容量变化

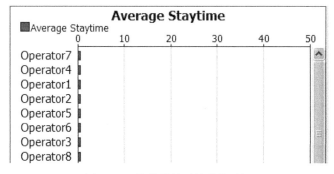

图 8-51　拣货员的平均等待时间

8.6.3 案例总结

仿真方法可以在不破坏现有系统的基础上，对系统进行分析和修改。本案例在对 XN 物流中心零拣作业流程分析的基础上，应用 Flexsim 软件建立仿真模型，通过模型分析，找到系统存在的问题和瓶颈。针对发现的问题，对模型进行优化，从而提高了系统的运行效率。可视化的仿真模型使仿真建模和分析的过程变得更直观，对离散系统的描述更清晰，仿真优化的结果更明了。

本章小结

本章首先介绍了离散系统的相关概念，在理解基本概念的基础上，阐述了 Flexsim 仿真软件和 Vensim 仿真软件的建模与仿真方法。Flexsim 仿真软件操作简单，界面直观，用户可以实时观察仿真运行的状况。软件分析功能强大，能对仿真结果产生的数据进行输出和详细的分析。Vensim 软件是基于系统动力学理论的仿真建模软件。系统动力学基于因果反馈理论，应用广泛，不但可以对物流系统进行建模，还可以对社会经济等诸多系统进行建模。Vensim 软件建模功能强大，自身的分析工具功能较完善，是系统动力学建模与仿真的最佳选择。

本章习题

1) 说明离散系统和连续系统的区别。
2) 应用 Flexsim 软件对快递分拣系统进行建模与仿真操作。
3) 使用 Vensim 软件建立你所在地区区域物流发展的系统动力学模型。

参考文献

[1] 全国物流标准化技术委员会．物流术语：GB/T 18354—2006［S］．北京：中国标准出版社．
[2] 李宇箭．物流管理概论［M］．北京：清华大学出版社，2012．
[3] 潘迪．六西格玛管理法［M］．北京：机械工业出版社，2008．
[4] 张可明．物流系统分析［M］．北京：清华大学出版社，2004．
[5] 马汉武．设施规划与物流系统设计［M］．北京：高等教育出版社，2005．
[6] 张变亚．蒙牛和伊利物流管理模式的比较研究［J］．经济技术协作信息，2016（11）：8．
[7] 徐大川，张家伟．设施选址问题的近似算法［M］．北京：科学出版社，2013．
[8] 泰勒．全球物流与供应链管理案例［M］．北京：中信出版社，2003．
[9] 康晓东．网站规划与实施［M］．北京：清华大学出版社，2003．
[10] 李超．CSS网站布局实录［M］．北京：科学出版社，2007．
[11] 董海．设施规划与物流分析［M］．北京：机械工业出版社，2005．
[12] 方仲民．物流系统规划与设计［M］．北京：机械工业出版社，2007．
[13] 蒋长兵．物流系统与物流工程［M］．北京：中国物资出版社，2007．
[14] 陈宁，李健．仓储实务［M］．北京：中国劳动社会保障出版社，2006．
[15] 刘昌祺，金跃跃．仓储系统设施设备选择及设计［M］．北京：机械工业出版社，2010．
[16] 邬星根．仓储与配送管理［M］．上海：复旦大学出版社，2005．
[17] 张晓萍．物流系统仿真原理与应用［M］．北京：中国物资出版社，2005．
[18] 李向文．物流系统优化建模与求解［M］．北京：北京大学出版社，2013．
[19] 彭扬，伍蓓．物流系统优化与仿真［M］．北京：中国物资出版社，2007．
[20] 马向国．现代物流系统建模、仿真及应用案例［M］．北京：科学出版社，2012．
[21] 刘星，吴玉国，陈思，等．基于Flexsim的混流装配线投产排序研究［J］．物流技术，2017，36（11）：130-133，161．
[22] 杨帆．基于Flexsim的生产线仿真优化［J］．物流工程与管理，2017，39（12）：125-127，133．
[23] 徐新新，郭唤唤，郑辉．基于Flexsim的制造业仓储系统仿真［J］．智慧工厂，2017（12）：72-74．
[24] 高峻．基于Flexsim仿真的生产线加工研究［J］．现代商贸工业，2017（32）：197-198．
[25] 阙师鹏，陈锦回，陈宝珠．基于系统动力学的电子商务供应链协同库存管理研究：以啤酒行业为例［J］．江西理工大学学报，2017，38（02）：33-39．
[26] 陶经辉，王陈玉．基于系统动力学的物流园区与产业园区服务功能联动［J］．系统工程理论与实践，2017，37（10）：2660-2671．